Knaur

Christiane Schlüter

Beileidsbriefe und Trauerreden

Mit Mustertexten und Formulierungshilfen

www.knaur-ratgeber.de

Impressum

Bibliografische Information Der Deutschen Bibliothek
Die Deutsche Bibliothek verzeichnet diese Publikation in der Deutschen Nationalbibliografie; detaillierte bibliografische Daten sind im Internet über http://dnb.ddb.de abrufbar.

Umschlaglayout und -herstellung: ZERO Werbeagentur, München
Umschlagfoto: Photonica: 0172 02018

Projektleitung: Annett Wagner
Fotografie: Annette Hempfling, München
Lektorat: Günter Wiegand, Wiesbaden
Satz und Layout: Diamond Graphics KG, Augsburg
Herstellung: Hartmut Czauderna

Druck und Bindung: Offizin Andersen Nexö, Leipzig GmbH

ISBN-13: 978-3-426-64209-2
ISBN-10: 3-426-64209-3
Printed in Germany
05 04 03 02 01
Bitte besuchen Sie uns im Internet: www.knaur-ratgeber.de

Inhalt

Grußwort und Kondolenzrede

Formulierungshilfen

Vorwort

Ein Mensch ist gestorben. Wir empfinden Mitgefühl für die Hinterbliebenen, sind vielleicht selbst traurig.

Und nun sollen wir unsere Gefühle in Worte fassen. Sollen für einen Beileidsbrief, ein Grußwort oder eine Kondolenzrede etwas formulieren, das angemessen ist, würdevoll und doch persönlich.

Wie macht man das? Es gibt kaum eine Situation, in der es schwerer fällt, Worte zu finden. Da ist es gut, eine Hilfe zu haben – eine Anleitung und viele Textbeispiele, an denen man sich orientieren kann.

Für diesen Zweck ist das Buch gedacht. Es hilft Schritt für Schritt beim Prozess des Schreibens und enthält außerdem zahlreiche Mustertexte für Briefe, Grußworte und Reden. Die Mustertexte decken typische Konstellationen ab, können aber auch leicht für die jeweilige Situation passend umgewandelt werden. Die Randbemerkungen auf jeder Seite dienen dabei als Wegweiser: Sie helfen, schnell die benötigten Passagen im Text zu finden.

Im Zusammenhang mit dem Tod taucht häufig die Frage nach dem Glauben auf. Dieses Buch richtet sich ausdrücklich und unterschiedslos an alle Leser und Nutzer – ob religiös oder nicht. In manche Mustertexte sind deshalb religiöse Aspekte mit aufgenommen, in andere nicht. So können Sie sich das heraussuchen, was für Sie stimmig ist.

Im letzten Teil des Buches finden Sie noch einmal Formulierungshilfen: Textbausteine, die in einen Brief, ein Grußwort oder eine Rede hineingehören. Außerdem werden Wortfamilien zusammengestellt, um eine möglichst große Auswahl beim Schreiben zu ermöglichen.

Im Deutschen gibt es leider keine Formen, mit denen gleichzeitig sowohl das weibliche als auch das männliche Geschlecht bezeichnet werden können. Um den Text nicht durch ständige Doppelungen zu überfrachten,

wurde meist die maskuline Form gewählt. Wenn also von »dem Trauernden« oder »dem Verstorbenen« die Rede ist, so sind damit immer beide Geschlechter gemeint.
Am Beginn dieses Buches steht eine kurze Einführung in das Thema des Trauerns. Denn beim Schreiben eines Briefes oder eines Grußwortes hilft es, sich über die eigenen Gefühle klar zu sein. Und ebenso hilfreich ist es, ein wenig darüber zu wissen, wie der Trauerprozess abläuft. Je mehr man über dieses Thema weiß, desto sicherer fühlt man sich beim Schreiben eines Briefes oder eines Grußworts.
Möge Ihnen dieses Buch in der entsprechenden Situation eine echte Unterstützung sein!

Christiane Schlüter

Zum Umgang mit der Trauer

In diesem ersten Kapitel werden die eigenen Erfahrungen mit der Trauer angesprochen und Informationen über den Verlauf des Trauerprozesses gegeben.

Eigene Erfahrungen und Gefühle

Wer vom Tod eines Menschen erfährt, bei dem wird Erlebtes wieder wach – vielleicht die Erinnerung an den Tod eines nahen Angehörigen oder es kommen Gedanken an den eigenen Tod, ob er weit weg oder eher nah sein möge.

Wie ist mir bislang in meinem Leben der Tod begegnet?

Es ist gut, sich diese Erfahrungen und Gefühle vor Augen zu führen. Sich darüber klar zu werden: Habe ich bislang versöhnliche Erlebnisse mit dem Tod gehabt – beispielsweise durch das friedliche Sterben eines Großvaters im Familienkreis? Oder sind meine Erfahrungen bitter, weil ein geliebter Mensch viel zu früh gestorben ist und ich ihn in meinem Leben immer noch schmerzlich vermisse? Und was hat mir in der damaligen Situation selbst gut getan? Was hätte ich mir von anderen gewünscht? Die eigenen Erfahrungen sind gute Ratgeber bei der Suche nach angemessenen Formulierungen.

Wir kennen die Situation Trauernder oft aus eigener Erfahrung.

Aber sie sind noch mehr als das: Sie nehmen die Scheu vor dem Umgang mit dem Trauernden. Denn auf irgendeine Weise waren wir selbst meist auch schon in der Situation, in welcher der andere sich befindet.

Neben der eigenen Erfahrung gibt es objektive, wissenschaftliche Erkenntnisse über das Trauern, die ebenfalls wertvoll sind. Sie werden im Folgenden kurz dargestellt.

Trauernde besser verstehen

Jeder trauert anders. Nichts ist schlimmer, als einem trauernden Menschen vorzuschreiben, was er empfinden, wie er sich verhalten soll. Und doch passiert das immer wieder. Merkwürdig, wie sich dabei die »Indizien« ändern: Ein Hinterbliebener, der in der ersten Zeit gar nicht weint, wird ebenso kritisch betrachtet wie einer, der Jahre später sehr häufig Tränen über den erlittenen Verlust vergießt. Das eine wie das andere Verhalten »darf« offensichtlich nicht sein, erscheint als »nicht normal«.

Es gibt kein »unnormales« Trauern. Wichtig ist, was dem Trauernden hilft.

Es geschieht aber trotzdem und hat allein dadurch seine Berechtigung. Was »normal« ist und was nicht – die Frage stellt sich nämlich überhaupt nicht. Entscheidend ist vielmehr: Was hilft dem Betroffenen, mit dem Verlust weiterzuleben? Welches Verhalten, welche Verarbeitungsweisen nützen ihm und geben ihm Kraft? So zu fragen, das zeugt von Respekt dem Trauernden gegenüber. Ein »normales« Verhalten von ihm zu fordern würde dagegen nur bedeuten, ihn zu bevormunden.

Jeder trauert anders. Das erleben beispielsweise Paare, die ein Kind verloren haben, besonders schmerzlich: Beide Partner trauern unterschiedlich und verstehen einander oft nicht. An diesem Problem sind schon Beziehungen zerbrochen.

Die Trauer wird seit längerem wissenschaftlich erforscht.

Um besser zu verstehen, was trauernden Menschen hilft und wie man sich auf sie einstellen kann, haben Psychologen und andere Wissenschaftler in den vergangenen Jahrzehnten versucht, das Trauern zu erforschen. Ihre Erkenntnisse sind nicht etwa graue Theorie für Fachleute, sondern nützliches Wissen für alle, die selbst einen Trauerfall erleben oder mit einem Trauernden in Kontakt stehen.

Phasen der Trauer

Elisabeth Kübler-Ross war die Pionierin der Sterbe- und Trauerforschung.

Ende der sechziger Jahre führte die Schweizer Ärztin und Psychiaterin Elisabeth Kübler-Ross Aufsehen erregende Interviews mit Todkranken und Sterbenden. Dabei stellte sie fest, dass diese Menschen ihr Schicksal im Verlauf eines Prozesses verarbeiteten, der vom Nicht-Wahrhaben-Wollen über die Depression bis hin zur Annahme des Unvermeidlichen reichte. Elisabeth Kübler-Ross ver-

mutete daraufhin, dass dieser Prozess nicht nur bei Sterbenden abläuft, sondern bei allen Menschen, die in eine Krise geraten und sie bewältigen müssen – also auch bei trauernden Hinterbliebenen. Mit ihrer Arbeit hat die Ärztin und Psychiaterin viel für einen einfühlsamen Umgang mit Sterbenden und Trauernden geleistet.
In der Folgezeit wurden weitere, meist vierstufige Modelle entwickelt, die alle vom ersten Schock über die Auflehnung gegen das Schicksal, über Depression und Resignation bis zum Neuanfang reichen. Sie sind keine Gesetze oder Dogmen. Aber es lohnt sich trotzdem, einen Blick auf diese Modelle zu werfen. Denn auch wenn man – als Verfasser eines Beileidsbriefes oder als Redner am Grab – dem Hinterbliebenen vor allem in einer sehr frühen Zeit des Trauerns begegnet, ist es gut, mehr über diese Zeit und auch über den gesamten Trauerprozess zu erfahren. Das Wissen hilft, die Situation der Trauernden zu verstehen und die angemessenen Worte zu finden.
Der britische Psychiater John Bowlby unterschied in den achtziger Jahren folgende Phasen:

Etwas über den Trauerprozess zu wissen hilft, angemessene Worte zu finden.

Erste Phase: Betäubung

Die Trauernden wollen den Verlust nicht wahrhaben und sind unfähig, ihn zuzulassen. Sie versuchen, ihr Leben wie bisher weiterzuführen. Während um sie herum alles damit beschäftigt ist, das zu organisieren, was jetzt notwendig ist, wirken die Trauernden oft wie abwesend. Die Welt wird »unwirklich« für sie. Gerade weil die Trauernden in dieser Phase oft von vielen Menschen unterstützt werden, können sie sich in diese innere Abwesenheit begeben. Ihre vermeintliche Ruhe, die auf Dritte oft wie Gefasstheit oder gar Gefühllosigkeit wirkt, wird allerdings zwischendurch immer wieder von Angst oder Verzweiflung durchbrochen.
Diese Phase dauert einige Stunden bis eine Woche – umfasst also genau die Zeit, in der viele Kondolenzbriefe eingehen und innerhalb derer meist auch die Beerdigung oder – bei einer Urnenbeisetzung – die Trauerfeier am Sarg stattfindet.

Die erste Trauerphase ist für den Kondolierenden die wichtigste.

Zweite Phase: Sehnsucht und starke Gefühle

Wenn die Hinterbliebenen beginnen, die Unabänderlichkeit des Verlustes zu begreifen, beginnt die zweite Phase. Sie ist gekennzeichnet durch einen Sturm wechselnder Gefühle. Unbändige Sehnsucht nach dem Verstorbenen wechselt mit Zorn: Warum hat er mich verlassen? Oft erschrecken die Trauernden über diesen Zorn, können ihn nicht einordnen. Da ist es hilfreich zu wissen, dass die meisten Menschen in ähnlichen Situationen ebenso fühlen.

In dieser Phase können die Trauernden oft nicht schlafen. Sie sind ruhelos, weinen viel, denken an ihren Verstorbenen und träumen oft davon, dass er noch lebt. Sie schwanken hin und her zwischen der Einsicht, dass er nicht mehr wiederkommt, und der unsinnigen Hoffnung, das alles könne doch nicht wahr sein.

In der zweiten Trauerphase brauchen die Trauernden vor allem liebevolle Zuhörer.

Wer in dieser Phase versucht, Trauernde von der Unabänderlichkeit ihres Verlustes zu überzeugen, tut ihnen damit keinen Gefallen, sondern fügt ihnen nur Schmerz zu. Besser ist es, ihnen einfach zuzuhören, ihre wechselnden Gefühle nicht zu bewerten, sondern gelten zu lassen.

Diese zweite Phase dauert einige Monate, manchmal auch mehrere Jahre an.

Dritte Phase: Desorganisation und Verzweiflung

In der dritten Trauerphase empfinden die Trauernden viel Sinnlosigkeit.

»Desorganisation« bedeutet: Alles ist durcheinander und aus den Fugen geraten. In dieser Phase machen die Betroffenen Gefühle der Sinnlosigkeit und Depression durch. Sie befinden sich sozusagen »ganz unten«, weil ihnen jetzt klar wird, dass der erlittene Verlust unumkehrbar ist. Erst wenn sie das erkannt haben, können die Trauernden ihre Bindung an den Verstorbenen auflösen oder umwandeln. Die schweizerische Psychologin und Analytikerin Verena Kast nennt diese dritte Phase die »Phase des Suchens und sich Trennens«. In ihr werde noch einmal nach den Orten und Erlebnissen gesucht, die den Verstorbenen mit dem Hinterbliebenen verbinden.

Vierte Phase: Reorganisation

»Reorganisation« bedeutet: Die Trauernden erkennen, dass sie nun ein anderes Leben führen werden – eines, an dem der Verstorbene nicht mehr teilnimmt. Sie sind wieder fähig, dieses Leben selbst zu gestalten. Sie sehen sich nicht mehr als Teil etwa eines Paares, sondern als verwitwet. Die Gefühle für den Verstorbenen und die Erinnerungen an ihn tragen sie jetzt als etwas Bleibendes mit sich: Der Verstorbene ist »ein Schatz in ihrem Herzen« geworden. Verena Kast nennt diese Phase die »Phase des neuen Selbst- und Weltbezuges« und betont, dass die Bindung an den Verstorbenen nicht aufgelöst, sondern umgewandelt worden ist.

In der vierten Trauerphase gestalten die Trauernden ihr Leben wieder neu.

Gezeiten der Trauer

Zuletzt soll ein Modell vorgestellt werden, das neuerdings in der Trauerbegleitung sehr oft verwendet wird. Es heißt »Trauer erschließen« und stammt von der niederländischen Trauerexpertin Dr. Ruthmarijke Smeding. An die Stelle der zuvor erläuterten Phasen setzt sie die »Gezeiten« der Trauer.

Das Wort ist bewusst gewählt: Wie Ebbe und Flut an der Küste, so kehren auch in der Trauer die verschiedenen Gezeiten immer wieder und werden deshalb immer wieder durchlaufen. Smeding zeichnet den Trauerprozess als ein Bild, in dessen Mitte sich ein Loch auftut: das Loch, in das derjenige fällt, der soeben einen schweren Verlust erlebt. Drei Gezeiten ordnen sich kreisförmig um dieses Loch. Der Trauerweg verläuft als sich ausdehnende Spirale um das Loch herum und durchquert so immer wieder die drei Gezeiten. Sie werden folglich nicht wie die Phasen eine nach der anderen einmal durchlaufen, um dann abgeschlossen zu sein, sondern sie werden wiederholt durchlebt – aber meist in abnehmender Stärke.

Ein Trauermodell aus den Niederlanden eröffnet neue Verständnismöglichkeiten.

Am Beginn steht eine Phase, die als Schleusenzeit bezeichnet und nur einmal durchlaufen wird. Die Schleusenzeit markiert sozusagen den Einstieg in die Trauer.

Schleusenzeit

Die Schleusenzeit ist die Zeit des unumkehrbaren Abschieds.

Die Schleusenzeit reicht vom Tod oder von der Nachricht des Todes bis zur Beisetzung. Wie der Begriff der Schleuse zeigt, ist es eine Zeit des Übergangs. Aus dem Partner wird ein »Verstorbener«, aus den Hinterbliebenen werden Witwe oder Witwer, Halbwaisen, trauernde Geschwister - je nachdem. Die gemeinsame Lebenszeit mit dem Verstorbenen ist nicht mehr Gegenwart, sondern Vergangenheit. Die leibhaftige Verbindung zu ihm nimmt auf schmerzliche Weise ab - er ist aufgebahrt, man kann ihn nur noch zu festgesetzten Zeiten und unter vorgeschriebenen Bedingungen sehen.
Während der Schleusenzeit gehen die meisten Beileidsbriefe ein, in sie fallen auch die Grußworte am Grab.

Januszeit

Die Januszeit ist eine Zeit der innerlichen Zerrissenheit.

Die erste der Gezeiten ist nach dem römischen Gott Janus genannt, der zwei Gesichter hat. So wird der Zwiespalt deutlich, in dem sich die Trauernden nach der Beisetzung befinden: Die äußere Welt geht weiter wie bisher, die Trauernden müssen sich in ihr zurechtfinden und ihre Aufgaben in Beruf und Familie wahrnehmen. Die persönliche, innere Welt aber liegt in Trümmern.
Die Trauernden fühlen sich hin und her gerissen zwischen den Anforderungen der äußeren Welt und der Verzweiflung in ihrem Inneren. Sie wissen nicht, wie sie beides vereinbaren können. Nach außen tun sie ihre Pflicht und versuchen, mit der neuen Situation zurechtzukommen. Aber immer wieder ziehen sie sich auch zurück, um sich ihrem Schmerz hinzugeben. Sie fallen gleichsam aus der normalen, alltäglichen »Kalenderzeit« hinaus und gehen in ihre »Trauerzeit« hinein, in der ein anderer Rhythmus und andere Gesetze gelten.

Labyrinthzeit

In der Labyrinthzeit weiß der Trauernde nicht, wie es für ihn weitergeht.

Bewusst ist die zweite der Gezeiten nach dem Labyrinth benannt und nicht nach dem Irrgarten. Denn während ein Irrgarten ohne Mitte und Ziel angelegt ist, befindet sich im Labyrinth eine Mitte. Man geht einen Weg, von

dem man nicht weiß, wie lang er sein wird, der aber ganz sicher zur Mitte führt und dann wieder aus dem Labyrinth heraus. Unterwegs glaubt man jede Orientierung verloren zu haben, aber man muss trotzdem weitergehen, dann kommt man irgendwann an – auch wenn man es selbst nicht glaubt.
So fühlen sich Trauernde in der Labyrinthzeit. Sie haben noch einen Weg vor sich, in dessen Verlauf sie manchmal zweifeln, ob sie das Ziel erreichen.

Regenbogenzeit

In der Regenbogenzeit bekommt das Leben wieder viele Farben: dunkle und helle.

Wer aus dem Labyrinth heraustritt, gelangt in die Regenbogenzeit. Sie ist durch viele verschiedene Gefühle gekennzeichnet, so wie der Regenbogen durch seine vielen Farben: Die Trauernden wenden sich dem Leben in seiner Vielfalt wieder zu, empfinden wieder Freude daran – und doch kommt zwischendurch der Kummer hoch. Sie leben weiter, aber mit dem Verlust und mit der Erinnerung.

Die Gezeiten kehren immer wieder – wie Ebbe und Flut.

Wichtig ist, dass die drei Gezeiten nicht eine nach der anderen einmal durchlaufen werden, sondern dass der Trauernde sie auf seinem spiralförmigen Weg immer wieder durchquert. So werden beispielsweise die Geburtstage des Verstorbenen immer wieder Janustage sein. Anders als der Kreis bedeutet die Spirale jedoch: Man gelangt an denselben Ort, aber auf einer anderen Ebene. Es sind dieselben Gefühle, aber in anderer, meist milderer Form.

Schlussfolgerungen

Der Kondolierende begegnet dem Trauernden in der Schleusenzeit.

Was bedeuten diese Erkenntnisse über das Trauern nun für Sie, wenn Sie einen Beileidsbrief schreiben oder ein paar Worte am Grab sprechen möchten? Sie zeigen Ihnen: Der Trauernde, an den die Worte gerichtet werden, befindet sich in der ersten Phase der Betäubung, des Nicht-Wahrhaben-Wollens oder, nach Smeding, in der Schleusenzeit. Er ist noch nicht in der Lage, das Geschehene als ein wirkliches, unabänderliches Ereignis zu begreifen. Seine Beziehung zum Verstorbenen gleicht noch sehr derjenigen, die er zu ihm zu dessen Lebzeiten hatte. Das merkt man auch daran, dass der Verstorbene oft persönlich angesprochen wird, beispielsweise am Aufbahrungsort.

Für Sie als Kondolierenden heißt das dreierlei: Sie wissen, dass Sie die Verhaltensweisen und Reaktionen des Trauernden nicht auf die Goldwaage legen dürfen.

Sie wissen nun selbst auch besser, was Sie versprechen, wenn Sie dem Trauernden zusagen, künftig für ihn da zu sein.

Gut, wenn der Trauernde dem Beileidsbrief entnimmt, dass man ihn versteht.

Außerdem kann Ihnen Ihr Wissen helfen, die richtigen Worte zu finden – solche Worte nämlich, die dem Trauernden zeigen, dass er verstanden wird. Sprechen oder schreiben können Sie über diese Themen: das Herausgerissenwerden aus dem bisherigen Leben; den Schock; den merkwürdigen Zwiespalt zwischen dem »normalen« Leben, das weitergeht, als wäre nichts gewesen, und dem innerlichen Leben des Trauernden, in dem auf einmal alles durcheinander geraten ist.

Natürlich muss ein Beileidsbrief oder eine Ansprache nicht unbedingt auf diese Themen eingehen. Es gibt auch gute Gründe dagegen: Wenn Ihre Beziehung zu dem Trauernden oberflächlicher ist, möchten Sie selbst vielleicht auch mehr an der Oberfläche bleiben und nicht über Gefühle schreiben. Und wenn Sie wissen, dass die Beziehung zwischen den Hinterbliebenen und dem Verstorbenen nicht sehr gut war, wäre es nahezu Heuchelei, über Gefühle zu sprechen, die bei den Hinterbliebenen vielleicht gar nicht so sehr vorhanden sind.

Es kann ferner sein, dass der Tod in hohem Alter und ohne langes Leiden kam. In diesem Fall wird man vermutlich Worte wählen, die weniger von Schock und Herausgerissensein, mehr von Abschied und guter Erinnerung handeln.

Bei einem Todesfall kommt es nicht nur auf die richtigen Worte im Brief oder in der Kondolenzrede an. Auch die persönliche Begegnung ist wichtig, sei es bei einem zufälligen Zusammentreffen, sei es bei der Trauerfeier in der Friedhofskapelle oder bei der Beisetzung am Grab.

Bei der zufälligen Begegnung

Es ist üblich, den Beileidsbrief sofort nach Erhalt der Todesnachricht zu schreiben, also möglichst am selben Tag. Wenn Sie mit den Hinterbliebenen am selben Ort wohnen, dann werden Sie ihnen aber früher oder später auf der Straße begegnen – vielleicht sogar, bevor Sie die Gelegenheit hatten, zu schreiben.

In jedem Fall versuchen Sie bitte nicht, der Situation aus dem Weg zu gehen. Meiden Sie den Trauernden nicht, sprechen Sie ihn ruhig an und warten Sie nicht, bis er diese Aufgabe für Sie übernimmt. Es geschieht leider immer wieder, dass Trauernde hier stärker sein müssen als ihr Umfeld und diese »Arbeit« leisten müssen: ein Gespräch anknüpfen, das Thema zur Sprache bringen, damit dann von der Gegenseite das Beileid ausgesprochen werden kann.

Überlassen Sie es nicht dem Trauernden, Sie auf den Todesfall anzusprechen.

Warten Sie nicht so lange, sprechen Sie den Hinterbliebenen selbst an. Sagen Sie, woher Sie vom Tod des Betreffenden erfahren haben, und drücken Sie Ihr Mitgefühl in persönlichen Worten aus, etwa so: »Es tut mir so Leid.« – »Ich fühle mit Ihnen.« – »Ich bin sehr traurig.« – »Ich denke sehr viel an Sie.« – »Ich wünsche Ihnen ganz viel Kraft.« – »Ich möchte Ihnen so gern etwas Tröstliches sagen, aber mir fehlen die Worte.«

Schon bei dieser kurzen Begegnung werden Sie sicher spüren, ob der Betroffene das Gespräch gleich wieder beenden will oder ob es ihm vielleicht sogar ein Bedürfnis ist, noch zwei, drei Sätze über das Geschehene zu sagen. Das hängt auch von der Situation und vom äußeren Rahmen ab. In einem vollen Supermarkt ist so ein Gespräch nicht gut denkbar – in einer stillen Seitenstraße,

Die Länge des Gesprächs hängt von den äußeren Umständen ab.

in der man einander zufällig begegnet, schon eher.

Melden Sie sich ruhig später erneut bei dem Trauernden.

Beim Abschied können Sie auch, wenn es für Sie stimmig ist und der Beziehung zum Trauernden entspricht, Ihre weitere Hilfe und Unterstützung anbieten. Tipp: Wenn der andere diese Hilfe gern begrüßt, später aber doch nicht darauf zurückkommt, sollten Sie ruhig »dran-« bleiben. Gehen Sie von sich aus auf den Betroffenen zu, warten Sie nicht, bis er es tut. Bedenken Sie: Ihm fehlt vielleicht gerade die Kraft, und doch würde er sich über Ihren Anruf, Ihren (angemeldeten) Besuch freuen.

Handelt es sich bei dem Trauernden um einen Menschen, den Sie nur flüchtig kennen, und haben Sie zum Zeitpunkt des Treffens noch nicht schriftlich kondoliert, können Sie es bei der mündlichen Beileidsbekundung anlässlich der unerwarteten Begegnung bewenden lassen und brauchen nicht noch eine Karte zu schicken. Eine persönliche Begegnung ersetzt das Kondolenzschreiben allerdings in all den Fällen nicht, in denen eine persönliche Beziehung zum Trauernden besteht, und sei sie noch so weitläufig. Die schriftliche Kondolenz erleichtert es nämlich später den Hinterbliebenen, die Adressliste für die Antwortkarten vollständig zu erstellen. Im Brief sollten Sie dann auf die stattgefundene Begegnung Bezug nehmen, beispielsweise, indem Sie ihn so einleiten: »Nach unserer Begegnung gestern (am Dienstag o. Ä.) ist es mir ein Bedürfnis, Ihnen noch einmal auf diesem Wege zu sagen, dass ich mit Ihnen fühle …« Und dann schreiben Sie Ihren Brief wie jeden anderen Beileidsbrief weiter, siehe dazu die entsprechenden Kapitel in diesem Buch.

Schreiben Sie trotz der mündlichen Kondolenz eine Karte.

Briefe sind übrigens angemessener, einem Trauernden zu kondolieren, als Telefonanrufe. Der Empfänger kann nämlich selbst entscheiden, wann und in welcher Situation er den Brief öffnet. Und wenn ihm eine Formulierung besonders gut gefallen hat, kann er sie immer wieder nachlesen.

Briefe lassen dem Empfänger die Freiheit, die er am Telefon nicht hat.

Der Telefonanruf hingegen kommt unerwartet, vielleicht in einem unpassenden Moment. Wenn er einmal den Hörer abgenommen hat, besteht für den Angerufenen

so gut wie keine Möglichkeit mehr, dem Gespräch auszuweichen. Schließlich wird kaum jemand einem Anrufer, der sein Beileid aussprechen möchte, ins Wort fallen und ihn bitten, später wieder anzurufen.
Aber auch für den Absender ist ein Brief der bessere Weg. Zwar scheint es auf den ersten Blick vielleicht einfacher, zum Telefon zu greifen, um sein Mitgefühl auszusprechen. Aber das täuscht. Ein Brief bietet die Möglichkeit, in Ruhe zu überlegen, was man zum Ausdruck bringen möchte.

E-Mails sind eine Notlösung.

E-Mails sind völlig ungeeignet zum Kondolieren, ebenso Faxe. Sie sind nur gerechtfertigt, wenn die technischen Möglichkeiten es gar nicht anders zulassen, vielleicht, weil man sich gerade auf der anderen Seite des Globusses befindet.

Bei der Trauerfeier und am Grab

Ein Trauerflor ist möglich, muss aber nicht sein.

Schwarze oder dunkle, beispielsweise anthrazitfarbene Kleidung ist bei diesen Anlässen ein Muss. Wer in gedeckter Alltagskleidung kommt, kann einen schwarzen Trauerflor am linken Ärmel des Mantels oder der Jacke – bei Männerjacketts wahlweise im Knopfloch – tragen. Wer in seinem eigenen Kleiderschrank nichts Passendes findet und sich nichts kaufen möchte, kann sich vielleicht etwas ausleihen. Hüte sind heutzutage nicht mehr obligatorisch, Schmuck sollte nur dezent und nicht auffallend sein.

In der Kapelle und beim Gang zum Grab gibt es eine »Rangordnung«.

Bei vielen Trauerfeiern liegt ein Kondolenzbuch aus, in das man sich eintragen kann, vielleicht auch mit einem persönlichen Satz oder einem Sinnspruch. In der Halle oder Kapelle sitzen Familie und Verwandtschaft des Verstorbenen vorn, die Freunde und Bekannten dahinter, je nach Nähe zum Verstorbenen. Beim Trauerzug zum Grab und beim Abschied am Grab geht wieder der engere Kreis der Angehörigen vorweg, dann entferntere Verwandte, Freunde und schließlich die Kollegen und Abgeordneten der Vereine. Am Grab selbst kann man mit einer bereitgestellten kleinen Schaufel Erde in das offene Grab werfen. Möglich ist es auch, eine Blume hineinzuwerfen oder einfach so still am Grab zu verharren. Dann geht man an den Angehörigen vorbei und drückt ihnen mit einem persönlichen Wort die Hand.

Unbedingt die Wünsche der Angehörigen beachten!

Auf jeden Fall gilt es, dabei die Wünsche der Angehörigen zu respektieren: Stand in der Todesanzeige, dass man von Beileidsbekundungen am Grab Abstand nehmen soll und dass statt Blumen lieber eine Spende willkommen ist, so muss man sich unbedingt danach richten. Sind aber Blumen willkommen, so werden diese an die Adresse der Friedhofskapelle gesandt und mit dem Namen des Verstorbenen, Datum und Uhrzeit der Trauerfeier versehen. Eine Trauerkarte mit dem eigenen Namen, die dem Strauß beigefügt ist, hilft den Angehörigen für die spätere Danksagung.

Grußworte sollten vorher abgesprochen sein.

Wenn man als Freund, als ehemaliger Arbeits- oder Vereinskollege am Grab sprechen soll, so wird das stets vorab im persönlichen Gespräch mit den engsten Angehörigen geklärt. Oft bitten diese von sich aus um den Freundschaftsdienst eines Grußwortes oder einer Kondolenzrede, manchmal konnte man ihn sogar noch zu Lebzeiten des Verstorbenen mit diesem selbst verabreden, beispielsweise, wenn dem Tod eine längere Krankheit vorausging. In jedem Fall sollte man durch eine solche Bitte oder Verabredung dazu berechtigt sein, zu sprechen, und nicht von sich aus spontan für eine Überraschung am Grab sorgen.

Persönliche Abschiedsrituale sind etwas Besonderes.

Das heißt nicht, dass alles streng einer Regie unterliegen muss. Es gibt auch Beisetzungen, bei denen verschiedene Freundeskreise des Verstorbenen am offenen Grab kleine Abschiedsrituale vollführen, deren Themen zu der Geschichte, den Erlebnissen und der Arbeit passen, die sie mit dem Verstorbenen verbunden haben. Diese persönlichen Rituale sind wie ein letztes Geschenk an den Verstorbenen.

In jedem Fall muss aber gewährleistet sein, dass die engsten Angehörigen mit dieser Art des Abschiednehmens einverstanden sind. Falls mehrere Beiträge geplant sind, ist es auch wichtig, sich zeitlich abzustimmen.

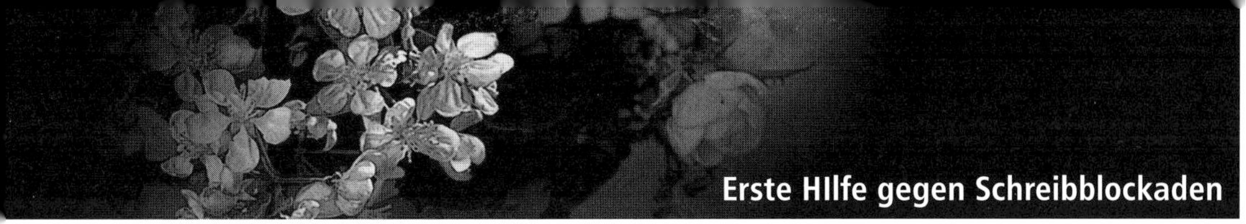

Erste HIlfe gegen Schreibblockaden

Ein weißes Blatt kann viel Respekt einflößen. So viel, dass das Hirn plötzlich wie leer gefegt erscheint. Man sitzt davor, kaut am Stift, fühlt sich plötzlich wieder wie in der Schule und wäre jetzt am liebsten ganz woanders. Keine Panik! Diesen »horror vacui«, die Angst vor dem leeren Blatt, kennen sogar Profi-Schriftsteller. Umso mehr dürfen Sie sich so etwas leisten. Sie müssen nur wieder aus der Falle herausfinden. Aber dafür gibt es Tricks. Sie gelten sowohl für das Schreiben von Beileidsbriefen wie auch für das Abfassen von Traueransprachen. Die folgenden Tipps helfen Ihnen, Schreibblockaden zu verhindern beziehungsweise zu überwinden.

Auch Profis fürchten sich zuweilen vor dem leeren Blatt.

Nehmen Sie Schmierpapier

Damit hängen Sie das Ganze erst einmal etwas niedriger. Sie können etwas ausprobieren, wieder durchstreichen, neu ansetzen – mit einem Wort: sich an das Thema herantasten.

Erzählen Sie mündlich, was Sie schreiben wollen

Das funktioniert natürlich am besten, wenn jemand daneben sitzt, dem Sie es erzählen können. Aber es geht auch allein. Sagen Sie möglichst spontan, was Sie gern schreiben möchten, beschreiben Sie einfach den gewünschten Inhalt des Briefes oder der Ansprache, ohne Rücksicht auf Reihenfolge, Stil, Konvention und Ähnliches. Und genau das, was Sie gesagt haben, schreiben Sie dann nieder und ordnen es erst hinterher. Meistens verkünsteln wir uns beim mündlichen Sprechen nämlich viel weniger und kommen viel besser auf den Punkt, als wenn wir es schriftlich machen müssen.

Erst mal ins Blaue sprechen, dann aufschreiben – das hilft.

Wenn Sie zu zweit sind, dann hat Ihr Gegenüber die Aufgabe, an entscheidenden Stellen zu sagen: Los! Schreib das auf! Und wenn er gut ist, hat er sich sogar die Formulierung gemerkt, die Sie gebraucht haben.

Bilden Sie Wortfamilien

Für ein Wort gibt es meist eine schwächere oder stärkere Alternative.

Für ein und dieselbe Sache gibt es meist viele Begriffe. Schlagen Sie einmal am Schluss dieses Buches unter den Formulierungshilfen nach, dann werden Sie sehen: Innerhalb einer Wortfamilie unterscheiden sich die einzelnen Begriffe voneinander durch ihre Stärke. Es gibt intensive Begriffe und abgeschwächte. »Nie vergessen« und »in guter Erinnerung behalten« sind zwei Beispiele für einen starken und einen abgeschwächten Begriff.

Vorsicht vor stilistischen Brüchen!

Wenn Ihnen nun ein Wort, eine gewählte Formulierung nicht geheuer ist, dann versuchen Sie, eine schwächere Variante dafür zu finden. Vielleicht ist die dann genau richtig.

Achten Sie auch darauf, dass Sie die einmal gewählte Gefühlsstärke den Brief oder die Rede hindurch beibehalten. Also nicht dramatisch einsteigen und distanziert wieder rausgehen, nach dem Motto »Fassungslos haben wir erfahren … Mit freundlichen Grüßen«. Richtig wäre bei einem so starken Einstieg dieser Schluss: »in tief empfundener Anteilnahme grüßt Sie«.

Machen Sie ein Cluster

Bilden Sie Assoziationsketten, ähnlich wie beim »Mind-Mapping«.

Die amerikanische Schreibdozentin Gabriele Rico hat ein Verfahren entwickelt, um Schreibblockaden zu überwinden: das Clustering. »Cluster« bedeutet »Büschel, Traube, Anhäufung«. Bei dieser Methode verknüpft man Ideen und Vorstellungen auf assoziative Weise. Man schreibt ein Kernwort in die Mitte und umgibt es mit einem Kreis. Um diesen Kern herum schreibt man jetzt andere Wörter, die einem spontan dazu einfallen. Dabei bilden sich Assoziationsketten: Ein Wort zieht schon wieder das nächste nach sich, Linien verbinden die einzelnen Begriffe und die Assoziationsstränge untereinander.

Für Ihr Cluster können Sie zum Beispiel die Wörter »Tod« oder »Sterben« in die Mitte stellen. Dann gruppieren sich vermutlich Begriffe wie »Abschied«, »Trauer«, »Vergangenheit«, »Zukunft«, »Alleinsein«, »Erinnerung« irgendwie darum herum.

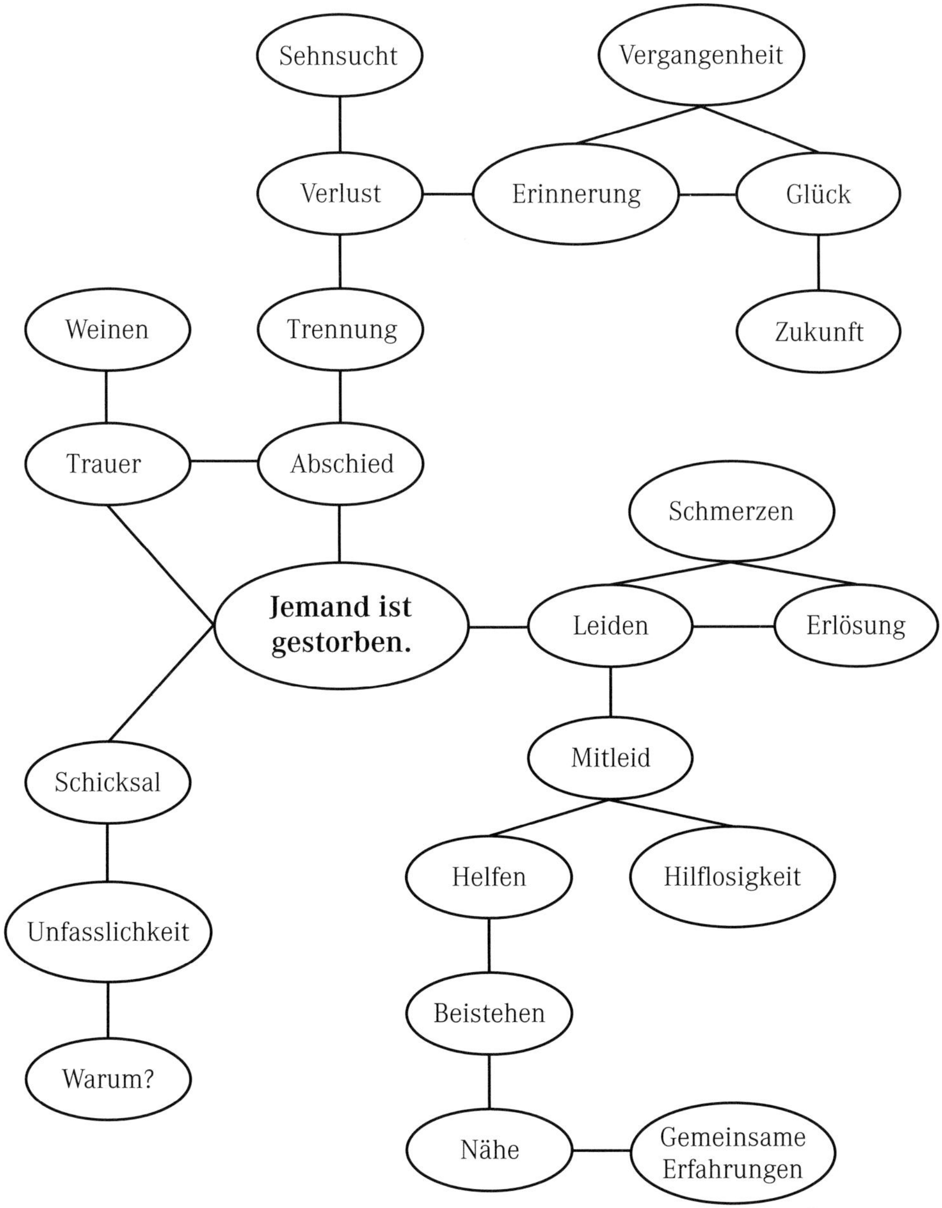
Sehnsucht
Vergangenheit
Verlust
Erinnerung
Glück
Weinen
Trennung
Zukunft
Trauer
Abschied
Schmerzen
Jemand ist gestorben.
Leiden
Erlösung
Schicksal
Mitleid
Helfen
Hilflosigkeit
Unfasslichkeit
Beistehen
Warum?
Nähe
Gemeinsame Erfahrungen

Mit dem Cluster lässt sich eine Persönlichkeit gut erfassen.

Wenn Sie hingegen den Verstorbenen gut gekannt haben, können Sie auch seinen Namen in die Mitte schreiben. Darum herum werden sich andere Einfälle ansammeln – seine Eigenschaften, die Sie gemocht haben, aber auch bestimmte Situationen, an die Sie sich erinnern. Dieses zweite Cluster ist besonders dann zu empfehlen, wenn Sie den Verstorbenen mit seinen individuellen Eigenschaften würdigen möchten – es eignet sich daher sehr gut für die Vorbereitung von Traueransprachen.
Vielleicht ergibt Ihr Cluster viel mehr, als Sie für Ihren Text verwenden können – das macht gar nichts. Streichen Sie ruhig weg, was nicht hineinpasst. Gehen Sie dabei so vor, dass Sie zuerst das Unwichtigste weglassen.

Versuchen Sie nicht, Antworten zu geben, wo eigentlich nur Fragen sind

Vorsicht vor der Warum-Frage!

In besonders tragischen Fällen neigt man dazu, über das Warum nachzudenken und eine Antwort zu suchen. Solche Fragen sind unausweichlich. Aber Sie sollten wissen, dass Sie sich mit derlei Überlegungen möglicherweise verheddern und in eine Schreibblockade hineinmanövrieren werden. Denn Antworten auf das Warum sind eigentlich kaum zu finden. Glücklicherweise ist ja die Vorstellung längst überholt, dass das Schicksal eines Menschen durch sein ethisch-moralisches Verhalten bestimmt werde, dass ein zugestoßenes Unglück also die wohlverdiente Strafe für etwas sei.
Ein berühmtes Beispiel dafür ist Hiob. Diese alttestamentliche Figur, ein gottgefälliger Mann, wird mit allem Unglück geschlagen, das man sich nur vorstellen kann. Er hadert mit Gott und fragt nach dem Warum seines Leidens. Als Gott ihm schließlich antwortet, tut er es mit dem Hinweis auf die eigene Macht und Größe, die kein Mensch je begreifen, der man sich nur anvertrauen kann.

Eine unkonventionelle Antwort auf die Warum-Frage gibt Kurt Marti.

Ein anderes bekanntes Beispiel für eine Antwort auf die Warum-Frage ist jenes Gedicht des Schweizer Pfarrers und Dichters Kurt Marti, das in Umkehrung eines bekannten Spruches besagt, es habe »Gott ganz und gar nicht gefallen«, diesen noch jungen Familienvater aus dem Leben zu reißen. Hier ist Gott nicht der Unbegreifliche, sondern der Mitleidende.

Bevor man die Warum-Frage anspricht, sollte man diese Dinge bedenken und entsprechend vorsichtig mit eigenen Antworten sein. Das Eingeständnis, selbst keine Antwort zu wissen, ist oft am angemessensten. Erst recht verbietet sich die Aussage, dass der Trauernde vielleicht später durch sein eigenes Leben diesem Unglücksfall einen Sinn abgewinnen wird. Sie würde schlicht und einfach einen Übergriff bedeuten.

Lassen Sie sich also für Ihren Brief oder Ihre Ansprache nur dann auf solche Themen ein, wenn Sie sich dessen sicher sind, was Sie sagen möchten. Bleiben Sie vor allem bei Ihren Gefühlen, bei Ihren Erlebnissen mit dem Verstorbenen und bei Ihrer Zusage, für den Trauernden da zu sein. Falls Sie dem Hinterbliebenen sehr nahe stehen und die Warum-Frage sich stellt, werden Sie sicher auch einmal im persönlichen Zwiegespräch darauf kommen – und das ist dann auch der richtige Rahmen dafür.

Wagen Sie sich nur auf thematische Gebiete, auf denen Sie sich sicher fühlen.

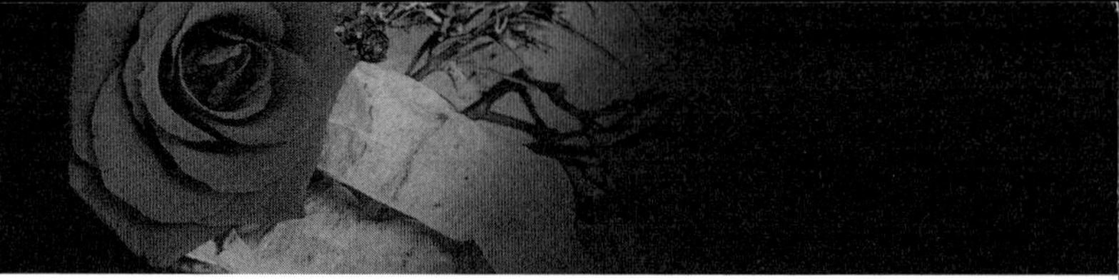

Der Beileidsbrief

In diesem Kapitel erfahren Sie, wie man einen Beileidsbrief schreibt - von der äußeren Gestaltung über den inhaltlichen Aufbau bis hin zu dem, was man tun oder lieber lassen sollte. Die zahlreichen Mustertexte stehen Ihnen zur Inspiration und zur freien Übernahme zur Verfügung.

Äußere Gestaltung

Es ist nicht makaber, sondern einfach praktisch, Kondolenzkarten vorrätig zu haben.

Schreiben Sie den Brief möglichst noch am selben Tag, an dem Sie die Todesnachricht erhalten haben. Kondolenzkarten und -briefpapier gibt es in jedem Schreibwarenladen. Sie können aber auch normales Papier oder eine passende Karte mit Sinnspruch verwenden. Um im Fall des Falles nicht in Verlegenheit zu geraten, empfiehlt es sich, immer ein, zwei Trauerkarten im Haus zu haben. Suchen Sie beim nächsten Einkauf welche aus, die Ihnen gefallen.

Wählen Sie ein Motiv aus, das Ihnen gefällt und zum Empfänger passt.

Ob Dürers »Betende Hände«, ein schlichtes Kreuz, eine Herbstimpression oder ein aufgedruckter Schriftzug: Es bleibt ganz Ihnen überlassen, ob und welches Motiv Sie wählen. Sie sollten sich auch überlegen, was dem Empfänger wohl gefallen würde. Wenn er zum Beispiel bewusst kein Christ ist, wäre das Kreuz wenig passend - auch wenn Sie selbst dieses Symbol vielleicht aus Überzeugung bevorzugen würden.

Benutzen Sie erst einmal Schmierpapier. Sie werden überrascht sein, wie viele Formulierungen Sie ausprobieren und wieder verwerfen.

Schreiben Sie mit der Hand. Nur bei absolut unleserlicher Schrift ist auch ein am PC oder auf der Maschine geschriebener Brief erlaubt. Schwarze Tinte oder ein schwarzer Kugelschreiber passen natürlich am besten.

Beim Umfang haben Sie viel Spielraum.

Bei einer doppelseitigen Karte ergibt sich der ungefähre Umfang des Schreibens von selbst. Sie brauchen die

Karte aber nicht komplett vollzuschreiben – und Sie können andererseits auch ein Zwischenblatt einlegen und mehr schreiben. Das Minimum sind sechs bis sieben Zeilen plus Anrede, Gruß und Unterschrift. Das Maximum können Sie selbst bestimmen.
Für einen DIN-A4-Bogen gilt der ähnliche Umfang – stellen Sie sich einfach eine Doppelkarte um ein Viertel gedreht vor.
In beiden Fällen sollten Sie großzügig gliedern und oben, vor allem aber unten etwas Platz frei lassen. Wenn sie mehr mitteilen möchten, fangen Sie lieber einen zweiten Bogen an, bevor Sie das Blatt zu eng beschreiben.

Das gehört in den Beileidsbrief hinein

Notieren Sie sich, was der Brief enthalten muss.

Im Hauptteil dieses Buches finden Sie Mustertexte für viele Anlässe und Konstellationen, am Schluss außerdem Formulierungshilfen und Textbausteine. Trotzdem ist es nützlich, sich einmal vorab zu vergegenwärtigen, welche Bestandteile ein Kondolenzbrief enthalten sollte.

Anrede

Wenn Sie mehrere Hinterbliebene ansprechen, kommt der Ihnen am nächsten Stehende zuerst, die anderen folgen in einer logischen Reihenfolge, beispielsweise erst die Erwachsenen, dann die Kinder.

Anlass

Das Geschehene muss erwähnt werden, auch wenn's schwer fällt.

Jemand ist gestorben – darauf bezieht sich Ihr Brief, also muss es auch drinstehen. Dazu braucht es aber keinen kompletten Satz und Sie können außerdem gleich Ihre eigene Reaktion damit verknüpfen. Also zum Beispiel: »Die Nachricht vom Tod eurer Schwester hat mich sehr traurig gemacht.«
Falls Sie dem Verstorbenen und seinen Hinterbliebenen nicht nahe genug stehen, um selbst Gefühle zu empfinden, können Sie auch auf sachlichere Art und Weise einsteigen, etwas so:

»Gestern erfuhr ich vom Tod Ihrer Schwester.«
oder aber:
»Gestern bekam ich die Nachricht, dass Ihre Schwester gestorben ist.«

Beileidsäußerung

Hier wie überall gilt: Bitte nur schreiben, was ehrlich gemeint ist. Nicht etwas heucheln, nur weil Sie meinen, das werde erwartet. Unwahre Gefühlsbeteuerungen klingen hohl und schrill – das wird auch der Empfänger merken.

Seien Sie beim Beileid ehrlich und taktvoll zugleich.

Halten Sie also vor dem Schreiben einen Moment inne und forschen Sie nach, welche Gefühle Sie selbst hegen: Sind Sie traurig, weil Sie den Verstorbenen selbst gekannt und gemocht haben? Sind Sie bedrückt, weil Ihnen die Hinterbliebenen Leid tun? Sind Sie eher neutral – vielleicht, weil Ihnen keiner der Betroffenen wirklich nahe steht oder weil der Verstorbene in hohem Alter starb und einen guten Tod hatte? Letzteres wäre ja möglicherweise eher ein Grund für nachdenkliche Dankbarkeit.
In jedem Fall gilt: Seien Sie ehrlich zu sich selbst, bedenken Sie die Situation und kleiden Sie dann Ihre Empfindungen in Worte.
Noch ein Tipp: Vermeiden Sie das Wort »aufrichtig«! Es klingt merkwürdig – so als ob man extra betonen muss, dass man es wirklich so meint.

Würdigung des Verstorbenen

Dieser und der vorhergehende Bestandteil können in der Reihenfolge auch ausgetauscht werden.
»De mortuis nihil nisi bene – Über Verstorbene sagt man nur Gutes«, der Satz gilt immer noch. Im Klartext heißt das: Schlechtes sagt man überhaupt nicht, und wenn es nach eigener Meinung noch so begründet wäre. Aber Gutes sagt man auch nur, wenn man es wirklich so meint.

Am besten sind individuelle Würdigungen.

Noch ein Tipp: Für die Angehörigen sind individuelle Beschreibungen des Verstorbenen viel tröstlicher als klischeehaftes Lob. Für ihre Formulierung eignet sich das Cluster-Verfahren, das in unserer »Ersten Hilfe gegen Schreibblockaden« (Seite 21f.) vorgestellt wurde.

Vermeiden Sie Klischees!

Hilfe und Unterstützung anbieten

Dieser Teil kann auch wegfallen. Denn wieder gilt: Nur schreiben, was wirklich ernst gemeint ist und was Sie einhalten können. Wenn Sie im vorigen Kapitel die Ausführungen über die Trauerphasen oder Gezeiten der Trauer gelesen haben, dann wissen Sie, welchen Weg trauernde Angehörige gerade bei tragischen Todesfällen zurücklegen müssen.

Überlegen Sie, welche Hilfe Sie da leisten können. Haben Sie Zeit, um immer wieder einmal Gesellschaft zu leisten, miteinander spazieren zu gehen, zuzuhören? Haben Sie Organisationstalent und wollen Sie den Trauernden hier etwas entlasten? Oder haben Sie sich vorgenommen, den Hinterbliebenen, falls er nun einsam sein sollte, mehr mit einzubinden, ihn zu bestimmten Einladungen und Gelegenheiten dazuzubitten?

Nur ernst gemeinte und realistische Hilfe anbieten!

Vielleicht möchten Sie auch einfach anbieten, dass der Trauernde jederzeit bei Ihnen anrufen darf, wenn er das Bedürfnis verspürt. Sie können aber ebenso ankündigen, dass Sie selbst sich ganz bestimmt in der kommenden Zeit melden werden, um zu hören, ob und wie Sie helfen können, etwa so:

»Wenn Sie nach der Beisetzung ein wenig Ruhe gefunden haben, würde ich mich gern bei Ihnen melden, einfach um zu hören, wie es Ihnen geht. Bitte seien Sie dann ganz offen, wenn Ihnen lieber nach Alleinsein zumute ist.«

Wenn es Ihrer Lebenserfahrung entspricht, können Sie Ihr Hilfsangebot gern damit verbinden, dass Sie von eigenen Verlusterfahrungen sprechen. Aber nur, wenn sie in der Schwere etwa dem aktuellen Fall entsprechen, und dann ganz kurz, in einem Satz, zum Beispiel:

»Durch den Tod meines Mannes habe ich selbst erfahren, wie furchtbar solch ein Verlust ist und wie sehr man dann liebe Menschen braucht, die einem in dieser Situation beistehen …«

Eigene Erfahrungen können kurz angesprochen werden.

Es wird aber auch viele Fälle geben, in denen man keine Unterstützung anbietet, sondern es bei der Äußerung des Mitgefühls bewenden lässt. Das ist zum Beispiel meistens in beruflichen Konstellationen der Fall, wenn man einem Höherstehenden kondoliert.

Gruß und Unterschrift

Verbiegen Sie sich auch beim Gruß nicht.

Der Gruß darf auch bei einem Beileidsbrief nicht fehlen. Er sollte nicht überschwänglich klingen, muss aber auch nicht besonders getragen sein. Eine gute Formulierung wäre:
»Von Herzen grüßt dich/ Sie«
oder
»Voller Anteilnahme«

Erlaubt und nicht erlaubt

Vermeiden Sie alles, was beim Lesen unangenehm wirkt.

Ein wenig ist es ja schon im vorigen Abschnitt angeklungen: Ehrlichkeit, gepaart mit Taktgefühl, ist das Wichtigste. Schreiben Sie nichts, was Sie nicht auch so empfinden, aber lassen Sie alles weg, was negative Gefühle erzeugen könnte. Ein Beileidsbrief und eine Traueransprache sind keine Gelegenheiten für Abrechnungen oder Belehrungen. Sie sind auch nicht dazu da, eigene Erkenntnisse auszubreiten. Im Mittelpunkt stehen der Empfänger und der Verstorbene, nicht Sie selbst. Vermeiden Sie auf jeden Fall Lobhudeleien. Sie klingen peinlich und erzeugen einen falschen Zungenschlag, den die Leser oder Hörer auch spüren werden. Versuchen Sie, möglichst natürlich zu schreiben und zu sprechen.

Bloß nicht »predigen«!

Ein gehobener Predigtstil würde eher merkwürdig wirken. Ihre eigenen Worte, Ihre persönliche Ausdrucksweise sind immer noch am besten. Es ist auch keine Schande, einzugestehen, dass einem die Worte fehlen. Kein Trauernder wird von Ihnen die Antwort auf seine Frage nach dem Warum erwarten.

Nicht jeder Todesfall macht Sie »untröstlich«.

Passen Sie die Stärke Ihrer Gefühlsaussagen den äußeren Umständen an. Wie schon zum Stichwort »Beileidsäußerung« (Seite 28) bemerkt: Es kommt immer auf Ihre Beziehung zum Trauernden, zum Verstorbenen und auf die Umstände seines Todes an. Nicht jeder Tod ist tragisch und nicht jeder Tod muss Sie persönlich traurig machen. Bleiben Sie authentisch und beachten Sie auch eventuelle Vorgaben, die durch berufliche Hierarchien gesetzt sind. Wenn die Frau des Chefs gestorben ist, die Sie vielleicht dreimal im Leben gesehen haben, sind Sie sicher nicht untröstlich, sondern eher bestürzt und fühlen mit dem Chef.

Oft wird im Beileidsbrief gesagt, man werde den Toten nicht vergessen. Auch das ist nicht in jedem Fall angemessen. Manche gibt es, die wird man vielleicht wirklich nie vergessen. An andere hatte man schon zu Lebzeiten nur selten gedacht. Und wieder andere behält man zwar in guter Erinnerung - aber diese Formulierung ist doch sehr viel abgeschwächter, als wenn man sagt, man werde einen Menschen »nie vergessen«.

Weniger ist manchmal mehr.

Mustertexte

Die aufgeführten Beispieltexte entstammen den unterschiedlichsten Bereichen, von der Familie über den Freundeskreis bis hin zum Vereins- und Berufsleben. Es werden auch verschiedene Arten von Todesfällen berücksichtigt - versöhnliche ebenso wie tragische.

Familiärer Bereich

An Trauerfeiern innerhalb der Familie nimmt man meistens persönlich teil. Die Briefe, die zu diesem Bereich gehören, werden daher hauptsächlich dann geschrieben, wenn die persönliche Anwesenheit wegen Krankheit oder einer Fernreise nicht möglich ist oder wenn das verwandtschaftliche Verhältnis zum Verstorbenen doch nicht nah genug war.

Der Brief ersetzt eine persönliche Teilnahme, wenn man verhindert ist.

Im Folgenden finden Sie Mustertexte, die zu derartigen Situationen und Konstellationen passen.

Ein alter Mensch ist gestorben

Brief an die Großtante, deren Mann nach langer Krankheit gestorben ist

Liebe Tante Marianne,

Anlass und individuelle Würdigung.

soeben erhielten wir die Sterbeanzeige von Onkel Heinrich. Wir wussten ja von seiner Krankheit, die schon so lange dauerte. Trotzdem fällt es uns schwer, uns vorzustellen, dass er nun nicht mehr da ist und in seiner humorvollen Art unsere Familientreffen nicht mehr bereichern wird. Er konnte immer so lustig erzählen, damit hat er uns schon als Kinder erfreut!

Verständnis und Wertschätzung für die Trauernde.

Wie viel schwerer wird es erst für dich sein, am Ende eines so langen, gemeinsam zurückgelegten Weges Abschied nehmen zu müssen. Gerade in den letzten Jahren hast du ihm, der so krank war, ja alle deine Fürsorge geschenkt. Diese Aufgabe, auch wenn sie viel Kraft gekostet hat, wird dir sicher fehlen. Gut, dass euer Sohn noch am Ort wohnt – er ist dir jetzt bestimmt eine große Unterstützung.

Anteilnahme und Verbundenheit.

Wir denken an dich und wünschen dir von ganzem Herzen Kraft für die kommende Zeit.
Mit lieben Grüßen
deine Christa mit Bertram und Patrick

Brief an den Cousin und die Cousine, deren Mutter gestorben ist

Liebe Petra, lieber Bernd,

Anlass und eigene Betroffenheit.

die Nachricht vom Tod eurer Mutter hat mich sehr betroffen gemacht. Als ich sie an ihrem 80. Geburtstag sah, wirkte sie noch so fit und unternehmungslustig. Nichts deutete auf diesen Herzinfarkt hin, der jetzt gekommen ist.

Mitgefühl.

Ein Trost ist es wenigstens, dass sie nicht lange leiden musste. Für euch aber stelle ich mir diesen abrupten Abschied sehr schwer vor. Ihr hattet doch in all den Jahren ein gutes Verhältnis zueinander, wie ihr mir mal erzählt habt. Umso schmerzlicher ist jetzt ihr Tod für euch.

Ich habe eure Mutter immer sehr gern gemocht und großen Respekt davor gehabt, wie sie ihr Leben gemeistert hat. Als junge Witwe mit zwei Kindern musste sie viel erkämpfen und viel aushalten. Sie hat nur selten darüber gesprochen, aber aus euren Erzählungen weiß ich ja doch ein wenig davon.

Würdigung der Verstorbenen.

Es tut mir so Leid, dass ich aufgrund meiner Krankheit nicht zur Beerdigung kommen kann. Aber ich bin an dem Tag in Gedanken bei euch. Zu einem späteren Zeitpunkt würde ich euch gern besuchen und dann gemeinsam mit euch ans Grab gehen.

Verbundenheit und Ausblick in die Zukunft.

Seid ganz herzlich umarmt von
eurer Sybille

Brief an die Schwiegermutter des eigenen Sohnes, deren Mann gestorben ist

Liebe Margret,
aus unserem Amerika-Urlaub zurückgekehrt, fanden wir die traurige Nachricht vor, dass Horst gestorben ist. Wir sind tief betroffen und bedauern es so sehr, dass wir ihm nicht zusammen mit dir und unseren Kindern und Enkeln das letzte Geleit geben konnten. Wir hätten es uns wirklich anders gewünscht.

Anlass, Betroffenheit und Begründung des eigenen Fernbleibens.

Umso mehr erinnern wir uns jetzt an die gemeinsam verbrachten Stunden. Als unsere Kinder sich damals kennen gelernt und schließlich geheiratet haben, sind ja auch wir vier von der älteren Generation enger zusammengerückt. Eckart und ich haben das immer als große Bereicherung empfunden. Horst und du und wir beide – das hat gepasst, wir hatten ähnliche Erfahrungen und Ansichten und den gleichen Hintergrund. Das ist sehr wertvoll und keine Selbstverständlichkeit.

Würdigung des Verstorbenen.

Und außerdem: Horst war ein wundervoller Großvater. Unermüdlich im Geschichtenerzählen und so geduldig, wenn es darum ging, den Kleinen etwas beizubringen. Es ist so schade, dass er seine Enkel nicht noch ein wenig länger durchs Leben begleiten kann. Und auch uns wird er sehr fehlen. Wie groß der Verlust erst für dich sein

Würdigung des Verstorbenen.

mag – das können wir nur ahnen. Ihr habt so harmonisch miteinander gewirkt.

Angebot der Hilfe.

Liebe Margret, du sollst wissen, dass du jederzeit bei uns willkommen bist. Wenn du dich allein fühlst oder Ablenkung gebrauchen kannst – steig in den Zug und komm her. Und bitte zögere nicht, uns um Hilfe zu bitten, wenn du in irgendwelchen Angelegenheiten wie etwa den notwendigen Formalitäten Unterstützung brauchst.

Beweis der Verbundenheit mit der Trauernden.

Erst einmal aber möchten wir sehr bald zu dir kommen und gemeinsam mit dir an Horsts Grab treten. Wir rufen dich in den nächsten Tagen an, um zu hören, wann dir unser Besuch recht wäre.

Sei ganz lieb gegrüßt und gedrückt von
deiner Hannelore und Eckart

*Brief an den angeheirateten Onkel,
dessen letzte Schwester gestorben ist*

Lieber Onkel Fritz,

Anlass und Mitgefühl.

zum Tode deiner Schwester Hilde spreche ich dir mein herzliches Mitgefühl aus. Ich stelle mir diesen Verlust sehr schwer vor, weil du mit ihr nun den letzten Menschen verloren hast, der dich seit deiner Kindheit gekannt hat. Der Tod, auch wenn er im hohen Alter kommt, reißt immer eine schmerzliche Lücke.

Ich hoffe, dass du Gelegenheit hattest, dich von Hilde zu verabschieden, und dass sie vor ihrem Tod nicht leiden musste. Wie der Anzeige zu entnehmen war, ist sie ja für alle überraschend gestorben.

Individuelle Erinnerung an die Verstorbene.

Ich selbst bin Hilde nur einmal begegnet, bei eurer Goldenen Hochzeit vor zwei Jahren. Ich fand sie sehr nett. Sie hat sich damals scherzhaft als deine Lieblingsschwester bezeichnet – es gibt ja keine weitere, aber es sprach für eure vertraute, humorvolle Verbindung.

Zuspruch und gute Wünsche.

Ich wünsche dir Kraft für die kommende Zeit und dass die schönen und guten Erinnerungen bald stärker werden als die jetzige Trauer.

Sei herzlich gegrüßt von
deinem Joachim

Der Tod kam viel zu früh

Brief an die Tante, deren Mann nach kurzer, schwerer Krankheit gestorben ist

Liebe Tante Ulla,

Anlass und eigene Betroffenheit.

Onkel Klaus ist tot – diese Nachricht hat mich sehr erschüttert. Ich kann es jetzt noch gar nicht richtig glauben, auch wenn dein Brief mit der Anzeige schwarz auf weiß vor mir liegt.

Tragik dieses unvermittelten, frühen Todes.

Vor wenigen Monaten erst haben wir uns getroffen und ihr erzähltet von euren Plänen für die Zeit nach seiner Pensionierung. Dass es nun nicht mehr dazu kommen soll, ist so bitter. Er hatte sich so gefreut und war voller Elan gewesen. Und dann bricht unvermutet diese Krankheit auf, reißt ihn aus allem heraus – und reißt damit auch in dein Leben diese Lücke, die sich nicht wieder schließen lässt.

Persönliche Erinnerung und Würdigung.

Ich habe mich immer gefreut, wenn ich Onkel Klaus gesehen habe. Er verbreitete echte Gemütlichkeit mit seiner Pfeife – die war ja sein Markenzeichen. Ich fand es auch so schön, dass er sich immer nach dem erkundigt hat, was ich gerade so mache. Er hatte eben immer ein offenes Ohr für andere Menschen, kreiste nicht nur um sich selbst, trotz seiner vielen Aufgaben und Verpflichtungen, die er zu bewältigen hatte.

Eingeständnis der eigenen Hilflosigkeit, Mitgefühl und gute Wünsche.

Liebe Tante Ulla, mir fehlen die Worte, um dir etwas wirklich Tröstendes zu schreiben. Noch dazu hindert mich mein Beckenbruch, zur Trauerfeier zu kommen, das tut mir so Leid. Du sollst aber wissen, dass alle meine Gedanken bei dir sind und ich dir von ganzem Herzen Kraft wünsche. Ich wüsste nicht, woher ich in deiner Situation die Kraft nehmen sollte. Wächst sie einem zu, wenn man sie braucht? Ich hoffe und wünsche es und ich hoffe auch, dass du liebe Menschen in deiner Nähe hast, die dich begleiten.

Sei herzlich umarmt von
deiner Susanne

Brief an die Cousine, deren 18-jähriger Sohn verunglückt ist

Liebe Karin, lieber Günther, liebe Claudia,
die schreckliche Nachricht vom Tod eures Andreas hat mich völlig fassungslos gemacht. Wir erhielten sie heute früh. Seitdem kann ich keinen klaren Gedanken mehr fassen und denke ununterbrochen an euch.

Anlass und eigene Fassungslosigkeit.

Es ist so unwirklich und grausam, dass ein junger Mensch, der gerade dabei ist, ins Leben hinauszugehen, sterben muss. Wie oft liest man Berichte von Verkehrsunfällen in der Zeitung und denkt sich nichts dabei – und dann ist plötzlich die eigene Familie betroffen. Vielleicht wird es ja zu einem späteren Zeitpunkt ein Trost für euch sein, dass Andreas keine Schuld an dem Unfall trifft.
Im Moment aber kann ich mir keinen Trost vorstellen und ich finde auch keine Worte, die wirklich tröstlich sein könnten.

Unwirklichkeit dieses tragischen Todes; Eingeständnis, dass einem die Worte fehlen.

Solch ein Unglück macht uns Menschen sprachlos.
Früher habe ich immer gedacht, dass, wer einen festen Glauben hat, darin Halt findet. Bis mir einmal ein Pfarrer von der Verzweiflung und den Zweifeln erzählte, die auch Glaubende nach solchen Schicksalsschlägen befallen.

Auch Gläubige können verzweifeln.

Ich wage mir gar nicht vorzustellen, welcher Leidensweg jetzt vor euch liegt. Und ich wünsche mir so sehr, dass ihr irgendwie und irgendwann wieder Halt findet nach diesem großen Unglück; dass euer Lebensmut und auch euer Miteinander stärker sein werden als der Schmerz.

Mitgefühl, Zuspruch guter Wünsche.

Euren Wunsch, im engsten Familienkreis Abschied zu nehmen, kann ich gut verstehen. Es würde euch sicher zu viel Kraft kosten, Beileidsbekundungen entgegenzunehmen. Ich werde an jenem Tag in Gedanken bei euch sein, so wie ich euch schon jetzt innerlich begleite.

Respekt für die Wünsche der Angehörigen, Verbundenheit.

Von ganzem Herzen sende ich euch alles Liebe
eure Elke

Brief an den entfernt lebenden Neffen, der seine Frau verloren hat

Lieber David,

Anlass, eigene Erschütterung.

heute erhielten wir die Anzeige von Katjas Tod. Wir sind ganz erschüttert über dieses Unglück, das dich und deine Familie getroffen hat.

Grund für die späte Reaktion.

Durch den Postweg halb um die Welt erfahren wir erst jetzt, vier Wochen später, davon. Die Beisetzung hat schon stattgefunden und wahrscheinlich kommst du in diesen Tagen erstmals wieder für Momente zur Ruhe.

Eigene Hilflosigkeit, Verbundenheit, Rückblick auf glückliche Zeiten.

Lieber David, ich weiß gar nicht, was ich dir Tröstliches schreiben könnte. Als mein Patensohn hast du mir immer besonders nahe gestanden und ich habe deinen Lebensweg mit viel Interesse und Anteilnahme verfolgt. Als ich auf eurer Hochzeit Katja kennen lernte, war ich ganz begeistert von dieser warmherzigen, klugen und hübschen jungen Frau. Und die Nachricht von der Geburt eurer Töchter hat auch mich froh gemacht. Mit eurem Weggang nach Brasilien ist zwar der Kontakt spärlicher geworden, nicht aber die gegenseitige Zuneigung.

Anteilnahme, verstärkt durch konkrete Nachfragen.

Und jetzt dieses große Unglück! Es ist so unendlich traurig. Wie verkraften es die Kinder? Sprechen sie über ihren Kummer oder verschließen sie ihn in sich? Du wirst so viel Kraft brauchen, nicht nur für dich, sondern auch für sie. Ich zweifle nicht daran, dass du diese Kraft tief in dir hast. Aber ich wünschte, du bräuchtest sie nicht.

Hilfsangebot.

Bitte sprich mich an, wenn ich dich in irgendeiner Weise unterstützen kann. Ich möchte dir gern helfen, wenn das möglich ist.
Ingrid lässt dich herzlich grüßen. Auch sie denkt an dich und die Kinder.

In tiefer Anteilnahme und Verbundenheit
dein Onkel Herbert

Ein Kind ist gestorben

Brief an die Schwippschwägerin und ihren Mann, deren Kind an Leukämie gestorben ist

Liebe Simone, lieber Dieter, liebe Julia,
Benjamin ist gestorben – diese Nachricht hat uns heute erreicht und unendlich traurig gemacht. Ein Kind hergeben zu müssen, ein Geschwister jung sterben zu sehen, das ist eines der schlimmsten Schicksale, die uns Menschen treffen können. Liegt es doch in der Ordnung der Natur, dass die Eltern vor ihren Kindern sterben und dass Bruder und Schwester miteinander aufwachsen dürfen.

Anlass, eigene Betroffenheit. Dieser Tod widerspricht der Ordnung des Lebens.

Wir wussten ja von seinem und eurem Kampf, der so lange hoffnungsvoll schien und der nun verloren ist. Es hat uns tief beeindruckt, mitzuerleben, welche positive Einstellung Benjamin sich trotz seiner schweren Krankheit bewahrt hat. Sein liebevolles Wesen und sein Vertrauen in eure Fürsorge werden uns immer unvergesslich bleiben. So jung er noch war – er war wirklich ein Vorbild. Wir sind dankbar, dass wir ihn gekannt haben.

Würdigung; Dankbarkeit, den Verstorbenen gekannt zu haben.

Vielleicht ist dies ja der einzige Strohhalm, an den man sich im Moment klammern kann: dass sein Tod Benjamin noch weiteres Leiden erspart hat.

Ein winziger Trost.

Wir umarmen euch und wünschen euch viel Kraft in dieser schweren Zeit.
Alles Liebe,
eure Gaby und Stefan mit Philipp und Kai

Brief an die Cousine und ihren Mann, die ihre Tochter durch den plötzlichen Kindstod verloren haben

Liebe Angelika, lieber Steffen,
wie schrecklich ist diese Nachricht, die uns heute erreicht hat: dass ihr eure Lena verloren habt. Wir sind tief betroffen und trauern mit euch um euer Wunschkind, das ihr vor ein paar Monaten so froh im Leben begrüßt habt.

Anlass, tiefe Betroffenheit.

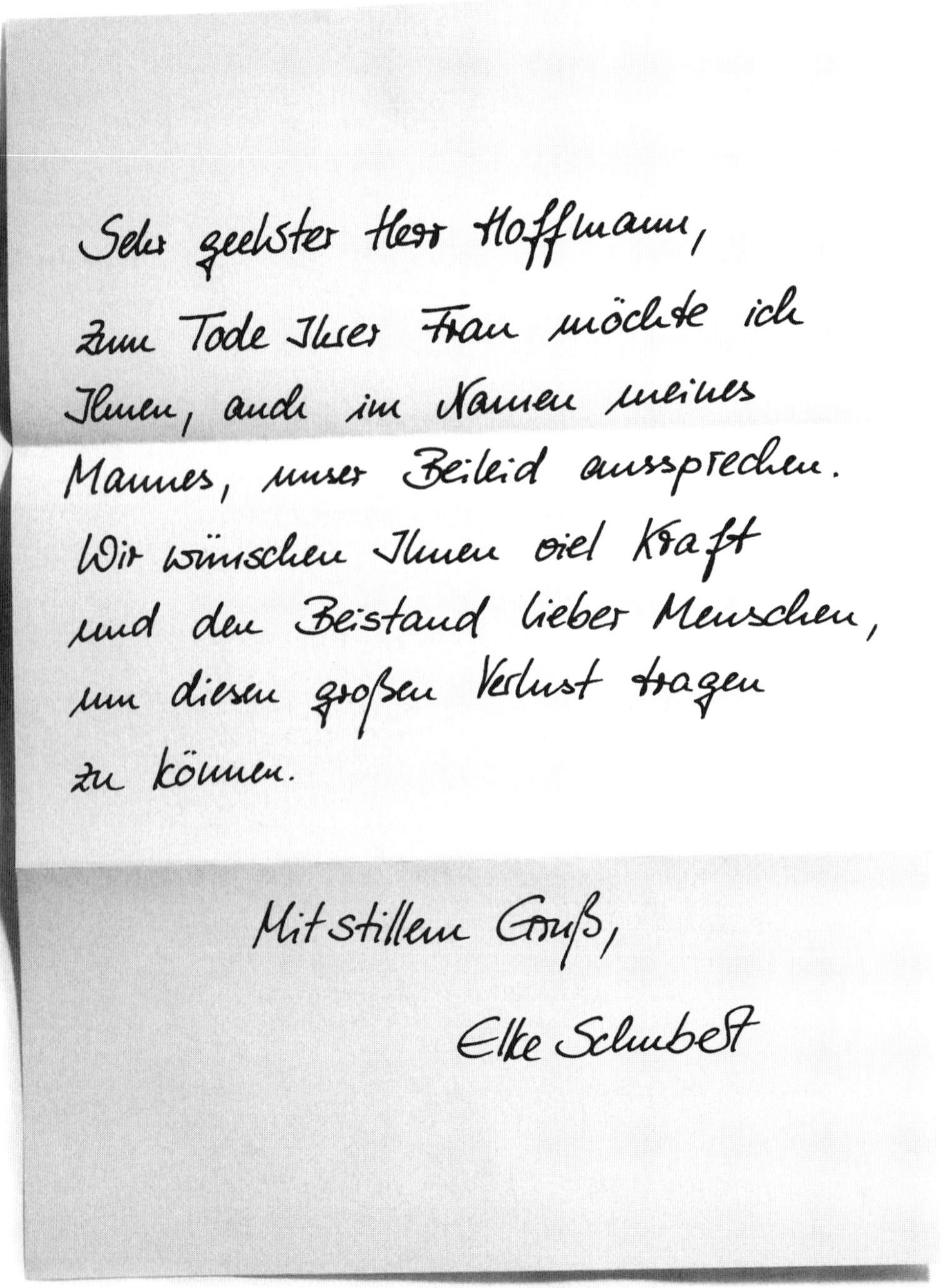

Sehr geehrter Herr Hoffmann,

zum Tode Ihrer Frau möchte ich Ihnen, auch im Namen meines Mannes, unser Beileid aussprechen. Wir wünschen Ihnen viel Kraft und den Beistand lieber Menschen, um diesen großen Verlust tragen zu können.

Mit stillem Gruß,

Elke Schubert

Ihr schreibt, dass es der plötzliche Kindstod war und dass jede Hilfe zu spät kam. Wie furchtbar ist das! Ich kann mir nichts Schlimmeres vorstellen.
Man liest ja immer wieder über den plötzlichen Kindstod, über dieses heimtückische Schicksal. Du selbst, Angelika, hast mir ja neulich am Telefon erzählt, wie genau du alles beachtest, was geraten und empfohlen wird. Ich hoffe so sehr, dass ihr euch jetzt keine Schuldgefühle macht – aber vermutlich ist man machtlos gegen diese Gefühle und braucht vielleicht sogar einen guten Seelsorger oder eine einfühlsame Beratung, um da wieder herauszukommen.

Der plötzliche Kindstod kann Schuldgefühle auslösen. Holt euch Hilfe!

Es ist so ein schwerer Weg – ich wüsste nicht, woher ich die Kraft nehmen würde. Ich hoffe, ihr bekommt sie von irgendwoher, aus einer Quelle, die sich auftun wird. Vielleicht hilft euch euer Glaube, dieses Unfassbare zu tragen? Ich weiß nicht, ob das möglich ist.

Eigene Hilflosigkeit; Hoffnung für die Trauernden.

Unsere Gedanken sind ununterbrochen bei euch. Wenn wir euch in irgendeiner Weise helfen können – bitte sagt es uns! Ihr könnt jederzeit anrufen, wir hören euch immer zu.

Anteilnahme, Hilfsangebot.

Euren Wunsch, Lena im engsten Kreis zu Grabe zu tragen, können wir verstehen und respektieren ihn selbstverständlich. Wir sind an diesem schweren Tag innerlich bei euch.

Respekt vor den Wünschen der Angehörigen.

In tiefstem Mitgefühl
Katharina und Jens

Freundes- und Bekanntenkreis

Auch hier gilt: Meist nimmt man an den Trauerfeiern persönlich teil. Briefe werden vor allem dann geschrieben, wenn man verhindert ist, selbst zu kommen, oder wenn man zu dem Verstorbenen wenig oder gar keinen Kontakt hatte.
Die folgenden Beispiel- und Mustertexte betreffen verschiedenste Situationen und Konstellationen. Wie alle Beispieltexte in diesem Buch können sie den eigenen Bedürfnissen entsprechend abgewandelt werden.

Brief an die Freundin anlässlich des Todes ihrer hochbetagten Mutter

Liebe Andrea,

Anlass, eigene Betroffenheit, Beileid.

ich danke dir, dass du mir eine Anzeige zum Tod deiner Mutter geschickt hast. Es war lieb von dir, mich einzubeziehen. Ich hatte deine Mutter immer sehr gern und bin mit dir traurig darüber, dass sie nun von uns gegangen ist.

Ansprechen eigener Erfahrungen.

Du hattest mir ja von ihrer lange währenden Krankheit und von den Sorgen erzählt, die du dir deshalb machtest, zumal in der letzten Zeit auch ihre geistigen Kräfte nachließen. Was das bedeutet, erlebe ich zurzeit selbst am Beispiel meines Schwiegervaters.

Die Schreiberin zeigt, dass sie die Adressatin versteht.

Aber trotzdem – selbst wenn der Tod letztlich eine Erlösung darstellt, tut es weh, sich von einem geliebten Menschen für immer verabschieden zu müssen. Und die Mutter ist doch einst der wichtigste Mensch im Leben gewesen, auch wenn man sich längst abgenabelt hat.

Ich denke an dich und wünsche dir von Herzen alles Gute.

Liebe Grüße
deine Margot

Brief an die Tochter des plötzlich verstorbenen Jugendfreundes

Liebe Monika,

Anlass, eigene Gefühle.

die Nachricht, dass Karl gestorben ist, hat mich sehr traurig gemacht. Als wir das letzte Mal miteinander telefonierten, ging es ihm noch gut. Sein Leiden muss sich rapide verschlechtert haben.

Eigene Nähe zu dem Verstorbenen; Würdigung.

Ich werde Karl sehr vermissen. Er ist einer meiner ältesten Freunde, wir haben viele Jugenderlebnisse miteinander geteilt. Das hat uns verbunden, auch wenn der Kontakt später nicht mehr so intensiv war. Seine geradlinige Art habe ich immer bewundert. Ich habe viel von ihm gelernt und bin froh, dass ich ihm dafür auch Dank sagen konnte.

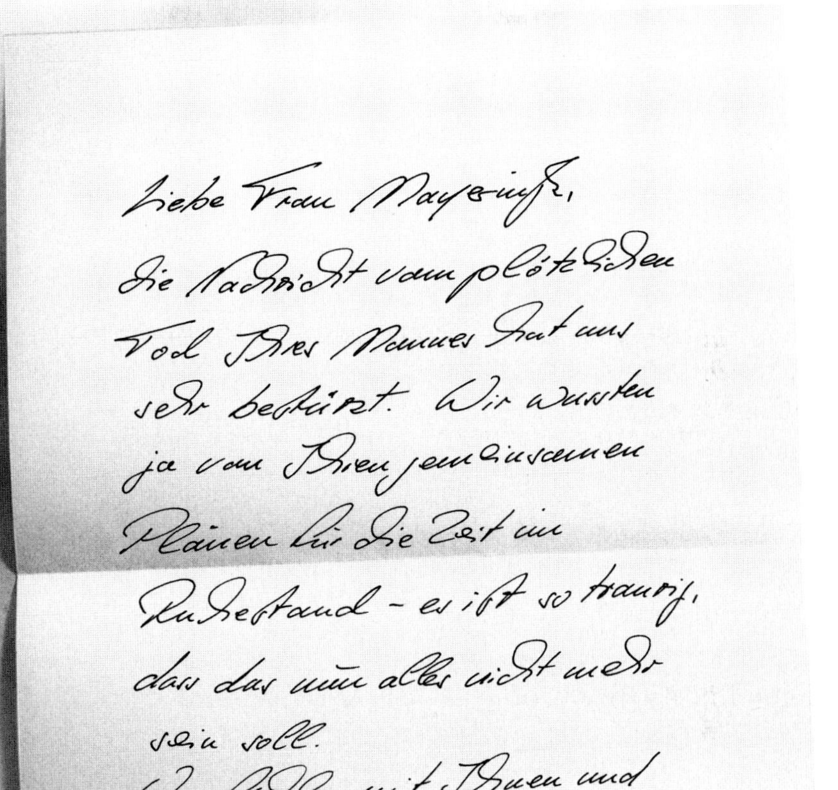
Liebe Frau Mayringer,

Die Nachricht vom plötzlichen Tod Ihres Mannes hat uns sehr bestürzt. Wir wussten ja von Ihren gemeinsamen Plänen für die Zeit im Ruhestand – es ist so traurig, dass das nun alles nicht mehr sein soll.

Wir fühlen mit Ihnen und grüßen Sie in tief empfundener Anteilnahme

Ihre Familie Bauer

Schmerzlich ist es für mich, dass ich wegen meiner derzeitigen gesundheitlichen Einschränkung nicht zur Beerdigung kommen kann. Sobald mir die Ärzte das Reisen wieder erlauben, werde ich nach B. kommen, um Karls Grab zu besuchen.

Anteilnahme, gute Wünsche.

In Gedanken werde ich an jenem Tag bei euch sein. Dir und deiner Familie wünsche ich, dass die vielen guten Erinnerungen an deinen Vater den Abschiedsschmerz bald mildern.

In tiefer Verbundenheit grüßt euch
Otto Gerhards

Brief an den Ehemann der verstorbenen Freundin

Lieber Erich,
mit großer Betroffenheit habe ich die Anzeige von Inges Tod erhalten. Ich wusste ja, wie krank sie war. Trotzdem hatte ich gehofft, sie würde noch eine Weile bei dir und bei uns, ihrem Kränzchen, bleiben können.

Anlass, eigene Trauer, Rückblick.

Ich bin sehr traurig, dass wir sie nun verlieren. Wir haben so eine gute Freundschaft miteinander gehabt. All die Jahre waren wir miteinander vertraut und haben gegenseitig Anteil am Leben der anderen genommen.

Was die Schreiberin mit der Verstorbenen gemeinsam hatte.

Inge und ich hatten viele Dinge gemeinsam: unsere Vorliebe für gute Bücher und für – zugegeben – schnulzige Filme. Wir konnten herrlich miteinander lachen und weinen. Ich war ihr auch so dankbar, dass sie nach meiner Scheidung viel für mich da war. Dass ich damals nicht in ein tiefes Loch fiel, dazu hat sie, gemeinsam mit dir, beigetragen.

Die Schreiberin weiß, was der Trauernde verloren hat.

Wenn ich meine Freundin schon so vermissen werde – wie sehr muss sie dir erst fehlen. Ihr seid miteinander durch Höhen und Tiefen gegangen und habt euch immer beigestanden. Aber ihr wart auch offen für andere, habt euch nicht abgekapselt in eurer Zweisamkeit.

Anteilnahme und Hoffen auf Gott.

Dass ich ausgerechnet jetzt bei ihrer Beerdigung nicht dabei sein kann, schmerzt mich sehr. Aber die Ärzte lassen mich einfach nicht früher raus. So kann ich nichts

anderes tun, als an jenem Vormittag eine stille Stunde im Andachtsraum zu verbringen. Ich werde für dich und für Inge beten. Auch dies, die Hoffnung auf die Geborgenheit in Gottes Hand, war uns ja gemeinsam.
Ich werde Inge nie vergessen und gern für dich da sein, wenn du meine Hilfe brauchst. In Dankbarkeit und Freundschaft grüßt dich

deine Sigrid

Brief an eine Bekannte anlässlich des plötzlichen Todes ihres Mannes

Liebe Frau Becker,
mit Betroffenheit habe ich gehört, dass Ihr Mann letzte Woche ganz plötzlich gestorben ist. Welch ein Schock für Sie und Ihre Familie! Einen geliebten Menschen so schnell zu verlieren – und das in einem Alter, in dem man noch auf viele gemeinsame Jahre hofft!
Ich bin sehr traurig, wenn ich an diesen Schicksalsschlag denke, und ich wünsche Ihnen und Ihrer Familie, dass Sie die Kraft finden, die nötig ist, um die nun folgende schwere Zeit zu durchstehen. In tiefer Anteilnahme grüßt Sie

Anlass, Mitgefühl – Zukunftspläne wurden zunichte.

Eigene Trauer, Zuspruch guter Wünsche.

Ihre Ruth Müller

Brief an eine Bekannte anlässlich des Todes ihrer Mutter nach langer Krankheit

Liebe Frau Langener,
zum Tod Ihrer Mutter spreche ich Ihnen mein herzliches Beileid aus. Ich weiß, dass Ihre Mutter lange krank gewesen ist – sicher war ihr Tod eine Erlösung. Aber den Hinterbliebenen tut solch ein Abschied, wenn er dann kommt, doch immer sehr weh.
Ich wünsche Ihnen viel Kraft in diesen Tagen und Wochen und bleibe mit lieben Grüßen

Anlass, Beileid, Verständnis für die Gefühle der Trauernden.

Gute Wünsche.

Ihre Gabriele Sasse

Lieber Walter,

die Nachricht vom plötzlichen Tod deiner Frau hat uns sehr betroffen gemacht. Erst vor drei Wochen nahm sie noch so fröhlich an unserer Jahreshauptversammlung teil!

Es ist unfassbar, dass sie nun nicht mehr ist. Wir werden sie sehr vermissen und fühlen von ganzem Herzen mit dir.

Wenn wir dir irgendwie helfen können, möchten wir das gerne tun.

In großer Anteilnahme grüßt dich

Heinz Ahrens im Namen des Zweigvereins

Vereine und Institutionen

Bei Todesfällen im Vereinsbereich schreibt der Vorsitzende oder ein anderes Vorstandsmitglied im Namen aller Mitglieder. Auch wenn eine Abordnung in der Regel zur Trauerfeier kommt, wird dies sicher nicht allen Mitgliedern möglich sein – und bei großen Vereinen, bei denen sich nicht alle persönlich kennen, ist das auch nicht üblich.

Nicht alle Vereinsmitglieder kommen zur Trauerfeier.

Brief des Ersten Vorsitzenden an die Witwe des hochbetagt verstorbenen Ehrenvorsitzenden des Gesangvereins

Liebe Frau Rudolph,
der Tod Ihres Mannes, unseres lieben Sangesbruders Otto, hat uns alle sehr traurig gemacht. Wir hatten ja befürchtet, dass dieser Abschied bevorstehen würde – konnte Otto doch schon länger nicht mehr an unseren Chorproben teilnehmen. Schon da haben wir ihn alle sehr vermisst. Aber dass er nun gar nicht mehr unter uns weilt, das können und wollen wir uns noch gar nicht so richtig vorstellen.

Anlass, eigene Traurigkeit; der Tod war schon länger befürchtet worden.

Ihr Mann hat Jahrzehnte lang viel Zeit und Energie in unseren Verein gesteckt. Sie selbst wissen das am besten. Der Blumenstrauß, den wir Ihnen vor drei Jahren anlässlich der Ernennung Ihres Mannes zum Ehrenvorsitzenden überreichen durften, ist nur ein unvollkommener Dank für Ihre freundliche Geduld, wenn die Belange des »Harmonie e. V.« wieder einmal Ottos ganze Kraft forderten. Aber Sie wussten ja: Neben der Familie war das Singen sein Lebensinhalt, seine Lebensfreude. Und wer ihn bei unseren Konzerten auf der Bühne stehen sah und seinen volltönenden Bass hörte, der spürte: Otto und der Gesang, das gehörte einfach zusammen.

Dank an die Adressatin, die ihrem Mann die Vereinsarbeit stets gegönnt hat.

Ihr Mann hatte aber nicht nur eine gute Stimme, sondern auch eine geschickte Hand als Vereinsvorsitzender. Das bewies er schon in den siebziger Jahren, als der Chor einen Generationenwechsel überstehen musste, und ebenso in seinen letzten Amtsjahren beim ebenfalls nicht

Würdigung: Der Verstorbene hat bleibende Verdienste um den Chor.

leichten Zusammenschluss von »Harmonie e. V.« mit dem Bäckerchor. Heute gehören wir zusammen, und es ist schön, dass Otto die Früchte seiner Arbeit noch erleben durfte.

Der Verstorbene bleibt unvergessen; Hilfsangebot für die Witwe.

In der Geschichte unseres Chores nimmt Ihr Mann einen besonderen Platz ein. Wir werden ihm ein dankbares Andenken bewahren und empfinden es als Auszeichnung, dass wir die Beisetzung musikalisch umrahmen dürfen. Wir hoffen, dass Sie sich auch weiterhin dem »Harmonie e. V.« verbunden fühlen. Bei unseren Konzerten ist immer ein Platz in der ersten Reihe für Sie reserviert.

In großer Verbundenheit grüßt Sie im Namen aller Sangesbrüder
Ihr Siegfried Fahrenholz

Brief des Kleingartenvereins an den Ehrenvorsitzenden, der hochbetagt seine Frau verloren hat

Lieber Dieter,

Anlass, eigene Trauer, Verbundenheit mit dem Adressaten.

mit Trauer haben wir die Nachricht vom Tod deiner Frau vernommen. Wir fühlen mit dir und denken voller Verbundenheit an dich und deine Familie. Wie groß muss doch der Verlust nach so einer langen, gemeinsam verbrachten Lebenszeit sein.

Die Verstorbene hat viel für den Verein getan.

Deine Erika war ein sehr liebenswerter Mensch – vor allem die Älteren unter uns erinnern sich noch gut daran, wie freundlich sie unsere Aktivitäten immer begleitet hat und wie viel Verständnis sie dafür aufgebracht hat, dass dir der Verein am Herzen lag und bis heute liegt. Gern denke ich auch an die geschmackvollen Dekorationen zurück, die sie immer für unsere Frühlingsfeste besorgt hat. Sie besaß wirklich einen Sinn für das Schöne.

Dank für die Ehre, am Grab sprechen zu dürfen.

Deine Bitte, bei der Trauerfeier an Erikas Grab im Namen aller Kleingartenfreunde ein persönliches Wort zu sprechen, empfinde ich als Freundschaftsbeweis. Du sollst wissen, dass wir in dieser Situation, da dir der wichtigste Mensch im Leben genommen ist, immer für

dich da sind. Wenn wir dir in irgendeiner Weise helfen können, so sage es uns bitte.
In herzlicher Verbundenheit grüßen dich
dein Werner Hauk und alle Mitglieder des Kleingartenvereins Westerheide

Brief an die plötzlich verwitwete, noch jüngere Vereinskollegin

Liebe Ulla,
mit großer Bestürzung haben wir die Nachricht erhalten, dass Klaus ganz plötzlich gestorben ist. Bei unseren letzten Treffen hast du uns noch von euren Plänen für die Zeit nach seiner Pensionierung erzählt. Wir freuten uns mit dir. Und dann dieser Schock!

Anlass, eigene Bestürzung; Zukunftspläne sind zerstört.

Auch für deine Kinder tut es uns so Leid. Sie sind ja noch jung und hätten ihren Vater sicher noch oft als klugen Gesprächspartner gebraucht. Du hast uns erzählt, wie aufgeschlossen Klaus ihren Zukunftsplänen gegenüber war. Und die wenigen Male, wo wir ihm begegnet sind, haben wir ihn als interessierten und charmanten Mann erlebt.

Mitgefühl für die Halbwaisen; Würdigung: Der Verstorbene war klug und charmant.

Wir möchten dir und deinen Kindern unser tiefes Mitgefühl übermitteln. Wir denken an dich und deine Familie. In der Stunde des Abschieds, bei der Trauerfeier, werden wir in Gedanken bei dir sein.

Anteilnahme.

Im Namen des gesamten Vereins grüßt und umarmt dich
deine Heidi Wellner

Brief an den Vereinskollegen, der seine halbwüchsige Tochter verloren hat

Lieber Jürgen,
mit tiefer Erschütterung haben wir vom Tode deiner Tochter Roberta erfahren. Dieses grausame Schicksal, das deine Familie getroffen hat, macht uns unendlich traurig.

Anlass, eigene Erschütterung.

Solch eine Verkettung unglücklicher Umstände, wie sie zu Robertas Tod geführt hat, ist eigentlich undenkbar. Dass sie trotzdem geschehen ist, macht uns bewusst, wie

Rückblick auf die unglückliche Ursachenverkettung.

Frage, wo Gott in dem Moment war.

wenig wir selbst unser Schicksal in der Hand haben – und wie sehr wir darauf angewiesen sind, dass Gott seine Hand über uns hält. Aber wo war seine schützende Hand, als Roberta mit dieser vermeintlich harmlosen Infektion eingeliefert wurde? Als ihr Zustand sich verschlimmerte und schließlich den Ärzten entglitt? Nur Fragen und keine Antworten.

In der Hilflosigkeit liegt die Anteilnahme; Hoffen auf neue Kraft.

So nimm unsere Hilflosigkeit als Beweis unserer tief empfundenen Anteilnahme. Wir hoffen und wünschen, dass dir, deiner lieben Frau und eurem Sohn die Kraft zuwächst, diesen furchtbaren Verlust zu tragen.
In unseren Gedanken sind wir stets bei euch.
Wolfgang Siebert und alle Vereinsfreunde

Berufsleben

Eine Abordnung der Firma / der Behörde kommt zur Trauerfeier.

Stirbt ein Arbeitnehmer oder ein Pensionär, so wird meist auch der ehemalige Arbeitgeber durch eine Abordnung am Grab vertreten sein. Auch Kollegen, denen der Verstorbene nahe gestanden hat, werden zur Trauerfeier gehen. Trotzdem wird ein Beileidsbrief geschrieben, denn vermutlich sind niemals alle ehemaligen Kollegen bei der Feier anwesend.

Der Chef oder die Chefin kondoliert im Namen der Mitarbeiter und Mitarbeiterinnen

Ein Mitarbeiter hat ganz plötzlich seine Frau verloren

Lieber Herr Carstens,

Anlass; Beileid im Namen aller Mitarbeiter.

mit großer Betroffenheit haben wir erfahren, dass Ihre Frau ganz plötzlich gestorben ist. Im Namen aller Mitarbeiterinnen und Mitarbeiter spreche ich Ihnen und Ihren Angehörigen mein tief empfundenes Beileid aus.

Erinnerung an die Verstorbene; Anteilnahme.

Ich habe Ihre Frau bei unserem Sommerfest im vergangenen Jahr persönlich kennen gelernt und sie mit ihrer gewinnenden Art gut in Erinnerung behalten.
Wie groß dieser schreckliche Verlust für Sie und Ihren Sohn ist, vermag ich nur zu ahnen.

Zuspruch und Hilfsangebot.

Wir alle wünschen Ihnen von ganzem Herzen die Kraft, die Sie jetzt so nötig brauchen, und werden Ihnen nach

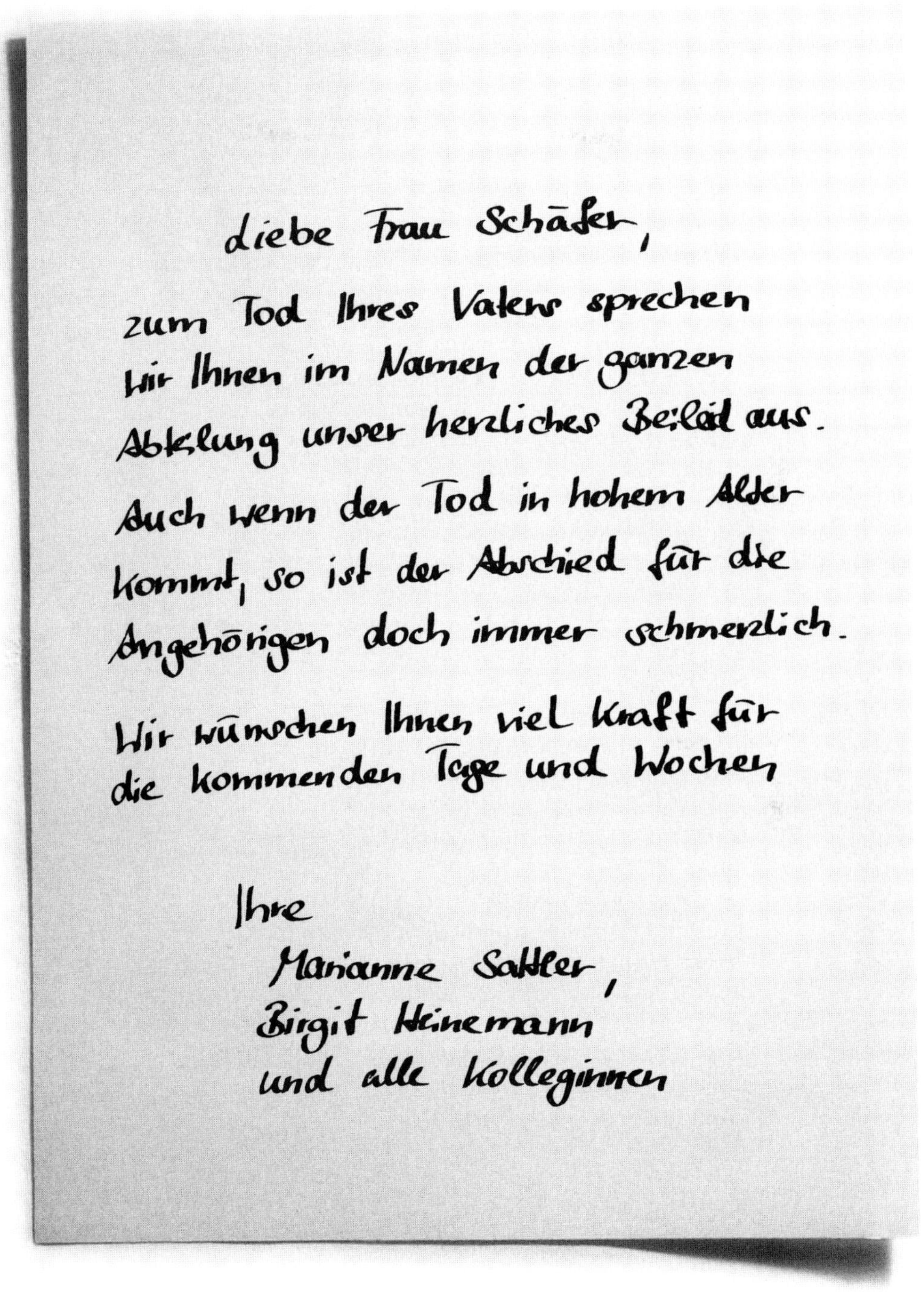

Liebe Frau Schäfer,

zum Tod Ihres Vaters sprechen wir Ihnen im Namen der ganzen Abteilung unser herzliches Beileid aus.

Auch wenn der Tod in hohem Alter kommt, so ist der Abschied für die Angehörigen doch immer schmerzlich.

Wir wünschen Ihnen viel Kraft für die kommenden Tage und Wochen

Ihre

Marianne Sattler,
Birgit Heinemann
und alle Kolleginnen

Kräften beistehen, wenn Sie demnächst in die Abteilung zurückkehren.
In tiefem Mitgefühl
Robert Stein und die Mitarbeiter und Mitarbeiterinnen des Vertriebs

Ein Mitarbeiter ist plötzlich gestorben – Brief an die Familie

Sehr geehrte Frau Stegmann,

Anlass; dieser Tod ist unfassbar.

soeben haben wir vom Tod Ihres Mannes erfahren. Wir sind erschüttert und können es nicht fassen, dass Helmut Stegmann nicht mehr wiederkommen und wie gewohnt seinen Platz einnehmen wird. Als er vor drei Wochen plötzlich ins Krankenhaus musste, dachten wir doch alle, es wäre kein Abschied für lange.

Mitgefühl; die Familie war dem Verstorbenen sehr wichtig.

Vor allem fühlen wir mit Ihnen, liebe Frau Stegmann, und mit Ihren Kindern. Ihr Mann hat gern von seiner Familie erzählt. Es war zu spüren, dass er daheim seinen Rückhalt hatte. Wir alle haben Ihren Mann sehr gern gemocht

Würdigung: Der Verstorbene war menschlich und fachlich sehr geschätzt.

und seine beruflichen wie menschlichen Kompetenzen hoch geschätzt. Oft war er es, der in schwierigen Situationen das entscheidende Wort sprach oder einen Vorschlag machte, der sich dann als Lösung erweisen sollte. Er hatte einen untrüglichen Gerechtigkeitssinn und war dabei immer bereit, auch andere Positionen gelten zu lassen. Seine besonnene Art wird uns sehr fehlen.

Hilfsangebot.

Liebe Frau Stegmann, bitte zögern Sie nicht, uns anzusprechen, wenn wir Ihnen in irgendeiner Weise beistehen können. Sei es in Rechts- oder Versicherungsfragen oder aber einfach, um sich das Herz zu erleichtern. Bitte nehmen Sie uns beim Wort.

Gute Wünsche; Respekt für Bedürfnisse der Hinterbliebenen, Gedenken.

Ihnen und Ihrer Familie wünschen wir viel Kraft für die kommende schwere Zeit. Ihren Wunsch, Ihren Mann in aller Stille zur letzten Ruhe zu geleiten, respektieren wir selbstverständlich. Wir denken an Sie und werden Ihren Mann immer in dankbarer Erinnerung behalten.
In großer Anteilnahme
Beate Hellmann im Namen der Rechtsabteilung

Eine Mitarbeiterin hat ihren Mann nach längerer Krankheit verloren

Sehr geehrte, liebe Frau Fritzkötter,
mit Bestürzung haben wir die Nachricht vom Tode Ihres Mannes erhalten. Wir denken an Sie und fühlen mit Ihnen in dieser schweren Stunde.
Mit großem Respekt haben wir in den vergangenen zwei Jahren miterlebt, wie Sie sich um Ihren erkrankten Mann gekümmert und dabei trotzdem die Belange der Arbeit nicht vernachlässigt haben. Sie haben unendlich viel Kraft bewiesen und sich bei aller Anstrengung Ihre Zuverlässigkeit und Freundlichkeit bewahrt.

Anlass; die Trauernde hat viel für den Verstorbenen getan.

Nun ist Ihr Mann von Ihnen gegangen – sicher bedeutet es eine Erlösung, dass er nicht länger leiden muss. Aber der Verlust ist deshalb nicht weniger schmerzlich.
Im Namen aller Mitarbeiterinnen und Mitarbeiter möchte ich Ihnen unser herzlichstes Beileid übermitteln. Wir wünschen Ihnen, dass Ihre Kraft und Zuversicht, die Sie bisher getragen hat, Ihnen auch durch diese nun kommende schwere Zeit helfen wird. Wenn wir Sie irgendwie unterstützen können, so lassen Sie es uns bitte wissen.
In stiller Anteilnahme
Johannes Weggert und die Mitarbeiterinnen und Mitarbeiter der Buchhaltung

Beileid; gute Wünsche, Hilfsangebot.

Ein Mitarbeiter hat seinen letzten Elternteil verloren

Sehr geehrter Herr Schön,
zum Tod Ihrer Mutter sprechen wir Ihnen unser herzliches Beileid aus. Wir fühlen mit Ihnen. Auch wenn der Tod in hohem Alter kommt, so reißt er doch eine schmerzliche Lücke.
Wir wünschen Ihnen und Ihren Angehörigen Kraft für die kommende Zeit und grüßen Sie in stiller Anteilnahme
Thomas Müller im Namen der Mitarbeiterinnen und Mitarbeiter des Außendienstes

Anlass, Verständnis für den Hinterbliebenen, Mitgefühl.

Mitarbeiter und Mitarbeiterinnen kondolieren dem Chef oder der Chefin

Brief an den Chef, dessen Frau nach längerer Krankheit gestorben ist

Sehr geehrter Herr Meier,

Anlass; Würdigung des Hinterbliebenen.

mit großer Betroffenheit haben wir vom Tod Ihrer Frau erfahren. Wir wussten ja, dass sie seit Jahren krank war. Sie haben es nur selten zum Ausdruck gebracht, aber es war zu spüren, wie sehr Sie sich sorgten.

Anteilnahme.

Nun ist Ihre Frau Ihnen und Ihren Kindern genommen worden, die Sorge weicht der großen Trauer. Wir fühlen mit Ihnen und wünschen Ihnen die Kraft, die es braucht, um diesen schrecklichen Verlust zu tragen.

Voller Anteilnahme grüßt
Ingrid Beck im Namen aller Kolleginnen und Kollegen der Privatkunden-Abteilung

Der Chef ist bei einem Autounfall gestorben – Brief an die Familie

Sehr geehrte Frau Wehmeier,

Anlass; eigene Erschütterung; dieser Tod ist unbegreiflich.

die Nachricht vom Tode Ihres Mannes hat uns tief erschüttert. Wir sind fassungslos und können es nicht begreifen, dass Georg Wehmeier nicht mehr ist. Uns steht noch vor Augen, wie er fröhlich und voller Vorfreude auf seinen Kurzurlaub das Büro verließ. Wie schrecklich, dass der Unfallfahrer seinen Weg kreuzte! Wir stehen vor diesem Ereignis, stellen die Frage nach dem Warum und finden keine Antwort.

Der Verstorbene war ehrlich und damit auch mal unbequem …

Ihr Mann war ein von uns allen hoch geschätzter Vorgesetzter. Er äußerte sich immer klar und deutlich und hielt mit seiner Meinung nicht hinter dem Berg. Das war nicht immer bequem, aber man wusste, woran man mit ihm war. Diese Ehrlichkeit werden wir sehr vermissen.

… er nahm seine Fürsorgepflicht für die Mitarbeiter sehr ernst.

Er hat auch seine Fürsorgepflicht für uns Mitarbeiter sehr ernst genommen. Wenn es Probleme gab, so hatte er immer ein offenes Ohr, er vermittelte erfolgreich bei Konflikten und fand stets konstruktive Lösungen. Nie werden wir vergessen, wie er bei der firmeninternen Umstrukturierung vor drei Jahren schützend die Hand über unsere Abteilung gehalten hat. Ihm verdanken wir es, dass unser Team nicht auseinander gerissen wurde. Umso unfassbarer ist es nun, dass wir ohne ihn weitermachen sollen. Es wird uns allen sehr schwer fallen.

Unsere Gedanken sind aber vor allem bei Ihnen und Ihren beiden Kindern. Wie groß ist der Verlust erst für Sie! Wir trauern mit Ihnen und wünschen Ihnen in dieser schweren Zeit des Abschieds viel Kraft und Mut.

Anteilnahme und gute Wünsche.

In tiefer Anteilnahme
Sabine Braun und die Mitarbeiterinnen und Mitarbeiter der Lohnbuchhaltung

Brief an die Chefin anlässlich des Todes ihres Bruders

Sehr geehrte Frau Busse,
mit großer Bestürzung haben wir vom plötzlichen Tod Ihres Bruders erfahren. Solch ein plötzlicher Abschied ist furchtbar und grausam. Wir fühlen mit Ihnen und sprechen Ihnen und Ihrer Familie von Herzen unser Beileid aus.

Anlass, Mitgefühl und Beileid – die kürzeste Briefversion.

Mit allen guten Wünschen grüßen Sie
Katharina Siems und Kolleginnen

Brief an den Chef angesichts des Todes eines Kindes

Sehr geehrter Herr Jahn,
tief erschüttert haben wir vom Tod Ihrer kleinen Tochter erfahren. Dieser Schicksalsschlag ist so unfassbar, dass wir es immer noch nicht glauben können.

Unfassbarkeit dieses Todes.

Es schien erst gestern gewesen zu sein, dass Sie uns von Julias Einschulung berichtet haben. Und nun soll dieses junge Leben, das doch gerade erst begonnen hat, schon an sein Ende gekommen sein! Es ist so tragisch.

Kurzer Rückblick – Tragik!

Wir sind unendlich traurig und fühlen mit Ihnen und Ihrer lieben Frau. Wenn wir irgendetwas für Sie tun können – bitte zögern Sie nicht, uns darum zu bitten. Vor

Eigene Trauer; Hilfsangebot, Anteilnahme.

allem wünschen wir Ihnen und Ihrer Frau Kraft für die kommende, sicherlich besonders schwere Zeit.
In tiefster Anteilnahme
Kerstin Mann, Tobias Silcher und alle Mitarbeiter des Einkaufs

Geschäftspartner kondolieren einander
Brief an den Geschäftspartner zum Tod seiner Ehefrau

Sehr geehrter Herr Bachmann,

Anlass, eigene Erschütterung.

die Nachricht vom Tod Ihrer Frau hat uns sehr erschüttert. Welch ein Schicksalsschlag für Ihre Familie! Ihre Frau war solch ein positiv gestimmter Mensch.

Die Verstorbene wird als liebenswürdige und interessante Frau in Erinnerung bleiben.

Wir können uns gar nicht vorstellen, dass wir ihre freundliche Stimme nicht mehr am Telefon hören werden. Bei unseren Besuchen in Ihrem Hause war sie eine charmante und zuvorkommende Gastgeberin, mit der es stets eine Freude war, sich zu unterhalten. Ihre vielseitigen Interessen machten die Gespräche mit ihr zu einer Bereicherung. So, wie wir sie erlebt haben, werden wir sie in Erinnerung behalten.

Beileid auch im Namen aller Mitarbeiter.

Wie unermesslich muss Ihr Schmerz über diesen Verlust sein! Wir denken an Sie und fühlen mit Ihnen in diesen schweren Tagen und Wochen. Unser Beileid übermitteln wir auch im Namen all unserer Mitarbeiterinnen und Mitarbeiter, die Ihre Frau gekannt und geschätzt haben.
In tiefem Mitgefühl
Karl und Hans Lüer
Holzbau GmbH

Brief an die Geschäftspartnerin, die ein Baby durch plötzlichen Kindstod verloren hat

Sehr geehrte Frau Hövelberg,

Anlass; eigene, tiefe Erschütterung über diesen tragischen Tod.

die Nachricht vom Tod Ihres kleinen Jakob hat mich zutiefst erschüttert. Ich möchte Ihnen schreiben, wie sehr ich mit Ihnen fühle. Ein Kind zu verlieren, das ist wohl eines der schlimmsten Schicksale, die einen Menschen treffen können. Liegt es doch eigentlich in der Ordnung des Lebens, dass die Eltern vor den Kindern sterben. Bei Ihren Besuchen in meinem Atelier hatten Sie Jakob ja gelegentlich dabei. Er war so ein entzückendes Baby und Ihnen war die Freude über ihn so anzusehen. Ich kann nur ahnen, welch abgrundtiefe Trauer Sie und Ihr Mann jetzt durchleben müssen. In Gedanken bin ich bei Ihnen und hoffe und wünsche, dass Sie irgendwann Trost finden werden. Auch wenn im Moment so gar nichts Tröstliches erkennbar ist.

Erinnerung an ein entzückendes Baby; Anteilnahme.

Von ganzem Herzen spreche ich Ihnen, auch im Namen meiner beiden Mitarbeiterinnen, mein tief empfundenes Beileid aus.

Ihre Sigrid Jost
Mode & Mehr

Brief an den Geschäftspartner, dessen Vater, Seniorchef des Unternehmens, gestorben ist

Sehr geehrter Herr Deneke,
mit großer Betroffenheit habe ich vom Tod Ihres Vaters erfahren. Die Nachricht hat mich sehr traurig gemacht. Aber ich dachte auch: Welch ein erfülltes Leben ist es, das hier zu Ende gegangen ist. Und dieser Gedanke hat doch etwas Tröstliches.

Anlass; eigene Trauer; ein tröstlicher Einfall.

Ich habe Ihren Vater als Geschäftspartner hoch geschätzt und als Mensch sehr gemocht. Er hat beides nicht getrennt, sondern war auch da, wo es - selten genug - um einander widerstreitende Interessen ging, immer freundlich und fair. Als ich vor etwa zehn Jahren die Leitung unseres Geschäftes übernahm, war Ihr Vater schon jahrzehntelang der meistgefragte Architekt im Bezirk. Es war eine gute Erfahrung, mit einem so kenntnisreichen und versierten Mann zu tun zu haben, und es hat mir viel Freude bereitet.

Der Verstorbene war ein erfahrener Architekt.

Als er sich zur Ruhe setzte, habe ich das sehr bedauert - aber glücklicherweise waren Sie inzwischen eingestiegen und so setzte sich die gute Zusammenarbeit nahtlos fort. Gefreut hat mich auch, dass ich Ihren Vater gelegentlich bei meinen Besuchen in M. wieder gesehen habe. Dass

Der Schreiber wird den Verstorbenen vermissen.

dies nun nie mehr so sein wird, mag ich noch gar nicht glauben. Er wird mir sehr fehlen.

Beileid; Begründung des Fernbleibens; Verbundenheit.

Ihnen und Ihren Angehörigen, deren Verlust unendlich viel größer ist, spreche ich von Herzen mein Beileid aus, auch im Namen meiner Belegschaft. Ich bitte um Verständnis, dass ich aufgrund meiner Krankheit nicht an der Trauerfeier teilnehmen kann. In Gedanken werde ich dabei sein.

In alter Verbundenheit grüßt Sie
Bernhard Wille
Elektro GmbH

Ein Mensch wollte nicht mehr leben

Beileidsbriefe anlässlich eines Suizids sind besonders schwierig.

Diese Beileidsbriefe sind besonders schwer zu schreiben. Wenn ein Mensch freiwillig aus dem Leben scheidet, haben die Hinterbliebenen nicht nur die Trauer zu tragen, sondern sie sind darüber hinaus sehr widersprüchlichen Gefühlen ausgesetzt. In vielen Fällen steigen irgendwann Schuldgefühle auf: Warum habe ich die Anzeichen nicht erkannt, warum konnte ich nicht helfen? Dann wieder wird Wut spürbar: Wie konnte er das nur tun, wie konnte er mich so im Stich lassen! Denn ein Suizid ist eine Absage an das eigene Leben insgesamt und damit auch an die Menschen, die zu diesem Leben dazugehören: Familie, Verwandte, Freunde. Das alles gilt es zu bedenken, wenn man den Hinterbliebenen schreiben will. Wie bei anderen Todesfällen auch wird man, falls die Hinterbliebenen Verwandte oder Freunde sind, zur Trauerfeier gehen, womit sich ein Brief erübrigt. Nur wenn der Verstorbene im engsten Kreise beigesetzt wird, wenn man verhindert ist oder zu weit entfernt wohnt, um persönlich zu kommen, ist ein Brief notwendig, ebenso, wenn die Verbindung zu den Hinterbliebenen zu weitläufig ist, als dass eine persönliche Teilnahme an der Trauerfeier angemessen wäre. In diesem letzten Fall wird das Thema der Selbsttötung im Brief aber auch nicht ausdrücklich angesprochen.

Brief an die im Ausland wohnende Freundin, deren Mann sich das Leben genommen hat

Liebe Anna,
die Nachricht vom Tod deines Mannes hat mich sehr erschüttert. Du hast mir ganz offen geschrieben, dass er freiwillig aus dem Leben geschieden ist und dass du ihn gefunden hast. Wie schrecklich muss das gewesen sein!
Ich bewundere die Kraft, mit der du diese Situation zu meistern suchst. Deine Worte klingen gefasst – aber sicher wird es auch Phasen der Verzweiflung und des inneren Chaos geben.
Ich wünschte, ich könnte bei dir sein, um dich zu unterstützen. Und ich hoffe, du hast viele liebe Menschen um dich, die dir jetzt beistehen, die mittragen helfen, wenn es allein zu schwer wird, und die dich auch ohne Worte verstehen.
Ich habe Dietrich ja nur einmal persönlich erlebt – damals bei eurer Hochzeit. Ihr seid so ein tolles Paar gewesen, und dann der Sprung ins Ausland, die Karriere.
Aber das Leben geht oft andere Wege, als es zunächst scheint. Du schreibst, dass Dietrich in den letzten Jahren verstärkt unter Depressionen gelitten hat. Es ist eine schreckliche Krankheit, die so viele Leben fordert. Und noch immer wird ihre Bedeutung in der Öffentlichkeit unterschätzt. Dabei brauchen die Betroffenen und ihre Angehörigen viel Unterstützung.
Aber alle Hilfe nützt nichts, wenn der Kranke für sich beschlossen hat, sterben zu wollen. Man bleibt zurück, mit unendlicher Trauer, vielleicht auch mit dem Gefühl, versagt zu haben – liebe Anna, ich hoffe so sehr, dass du dir selbst keine Schuld an diesem großen Unglück gibst. Denn du bist ganz sicher nicht schuld.
Ich wünsche dir von ganzem Herzen Kraft und Lebensmut und umarme dich aus der Ferne.

Deine Freundin Ellen

Das Vorgefallene wird offen angesprochen.

Die Hinterbliebene beweist viel Kraft.

Depressionen werden als Krankheit noch immer unterschätzt.

Die Hinterbliebene trägt keine Schuld; gute Wünsche und Verbundenheit.

Brief an den Jugendfreund, dessen erwachsene Tochter sich das Leben genommen hat

Lieber Friedrich, liebe Annegret, lieber Thomas,

Anlass; Fassungslosigkeit.

mit tiefer Erschütterung habe ich die Nachricht vom Tode eurer lieben Tochter und Schwester Sylvie erhalten. Ich kann es nicht fassen, dass solch ein schlimmes Schicksal eure Familie betroffen hat.

Rückblick auf den Lebensweg der Verstorbenen.

Sylvies Weg schien so geradlinig zu verlaufen. Ein liebevolles Elternhaus, die Ausbildung, die sie sich gewünscht hatte, eine feste Stelle – und dann, so verstehe ich eure Schilderung, scheint sie viele Enttäuschungen erlebt zu haben und hatte irgendwann nicht mehr die Kraft, sich da herauszuarbeiten. Wie furchtbar tragisch. Und wie bitter für die Menschen, die sie geliebt haben.

Wir Menschen sind oft machtlos angesichts des Leidens.

Aber unsere Macht, anderen zu helfen, reicht eben oft nicht weit genug. Das erleben zu müssen, ist grausam. Ich fühle so sehr mit euch und bin zutiefst traurig darüber, dass ein liebenswerter Mensch wie eure Tochter an den Härten des Lebens zerbrechen musste. Ich hoffe und wünsche, dass ihr in dieser dunkelsten Stunde nicht den Mut verliert. Wenn ich euch irgendwie helfen kann, so tue ich das gerne. Es wird wenig genug sein.

In tiefer Verbundenheit und Anteilnahme grüßt euch
euer Leopold

Brief an die entfernte Bekannte, deren Kind freiwillig aus dem Leben geschieden ist

Liebe Frau Schade,

Hier wird der Suizid nicht angesprochen.

tief betroffen habe ich von Julians plötzlichem Tod erfahren. Es ist unfassbar, dass dieses junge Leben zu Ende sein soll. Woher nimmt man nur die Kraft, solch ein Schicksal zu tragen? Ich fühle zutiefst mit Ihnen, Ihrem Mann und mit Julians Schwester und spreche Ihnen, auch im Namen meines Mannes und unserer Tochter, von ganzem Herzen mein Beileid aus.

In tiefster Anteilnahme
Simone Dietz

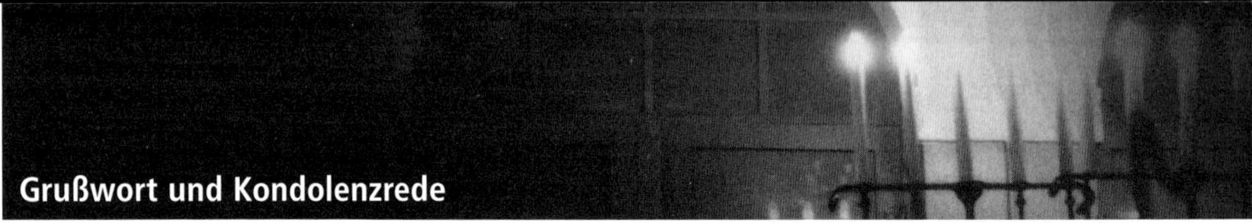

Grußwort und Kondolenzrede

Genau genommen gibt es zwei Arten von Reden, die während der Trauerfeier oder am Grab gehalten werden. Da ist einmal ist die Trauerrede, die bei einer nicht kirchlichen Feier die Ansprache des Pfarrers ersetzt. Diese Rede wird in der Kapelle oder am offenen Grab gehalten, und zwar meist von einem professionellen Redner.

Im Folgenden geht es um das Grußwort und die nicht professionelle Kondolenzrede.

Zum zweiten ist da das Grußwort oder die Kondolenzrede, von Freunden, Berufs- oder Vereinskollegen des Verstorbenen gesprochen. Das geschieht entweder in der Friedhofskapelle oder am Grab nach der Beisetzung, möglicherweise auch während der anschließenden Kaffeetafel. Weil dieses Buch sich nicht an professionelle Trauerredner wendet, behandelt es das Grußwort und dessen erweiterte Form, die Kondolenzrede.

Nicht über vier Minuten reden und die Länge mit anderen Rednern absprechen!

Der Begriff »Grußwort« soll nicht den Eindruck erwecken, dass hier wirklich immer nur ein paar wenige Worte gesagt werden dürfen. Je nach dem Verhältnis, das der Redner zum Verstorbenen hatte, kann das Gesagte von der kurzen Würdigung eines begrenzten Themas wie etwa der Vereinstätigkeit des Verstorbenen bis zur längeren Würdigung seines Lebensweges insgesamt reichen. Letztere sollte aber vier Minuten nicht überschreiten. Das hängt auch davon ab, ob außer Ihnen noch andere Trauergäste sprechen werden.

Aufbau und Inhalt

Folgende Elemente gehören in das Grußwort und die Kondolenzrede hinein.

Anrede

Anders als beim Beileidsschreiben werden hier die Hinterbliebenen in der Reihenfolge ihrer Betroffenheit angesprochen – also derjenige zuerst, der dem Verstorbenen am nächsten stand.

Anwesende Honoratioren können eventuell genannt werden – man sollte sich aber allzu viel »Lametta« ersparen. Besser (und ebenso höflich) ist es, nach den betroffenen Angehörigen alle übrigen Trauergäste mit »Liebe Trauergemeinde« zusammenzufassen.

Keine endlose Aufzählung von Würdenträgern bringen!

Selbsteinordnung

Falls man als Redner den Gästen nicht bekannt sein sollte und falls es nicht durch Äußerlichkeiten (z. B. eine Feuerwehruniform) klar ist, sollte man in einem Halbsatz erwähnen, in welcher Beziehung man zum Verstorbenen stand. Man nennt dabei aber nicht seinen eigenen Namen und auch nicht die Funktion im Beruf oder Verein.

Wie man sich im Bedarfsfall als Redner am dezentesten selbst vorstellt …

Also nicht: »Als erster Vorsitzender des Kleintierzüchtervereins Hohemark möchte ich, Hans Otte, unseren lieben Verstorbenen Fritz Hoffmann …«. Stattdessen: »Der Kleintierzüchterverein Hohemark hat ein hoch geschätztes Mitglied verloren – Fritz Hoffmann ist tot.« Damit ist klar, in wessen Namen der Redner spricht. Mehr müssen und wollen die Zuhörer nicht wissen.

Man kann die Selbsteinordnung auch geschickt verpacken – das muss nicht gleich im ersten Satz geschehen. Erst kann man den Anlass benennen (»Wir sind zusammengekommen, um Fritz Hoffmann zur letzten Ruhe zu geleiten …«) und dann, im Rahmen der Würdigung, die Selbsteinordnung vornehmen. Etwa so: »Einen Jugendfreund zu verlieren, das ist etwas besonders Schmerzliches. In Fritz Hoffmann habe ich meinen besten und ältesten Freund verloren …« Und schon ist klar, mit welchem Hintergrund dieser Redner spricht, der danach natürlich möglichst wenig von sich und möglichst viel vom Verstorbenen erzählen wird.

… und das auch noch geschickt verpackt.

Anlass (Klage)

Dieser Teil benennt, was geschehen ist, aber er tut noch mehr: Er gibt auch der Betroffenheit darüber Ausdruck – daher der Begriff der »Klage«. Der Redner spricht hier von dem Tod, der eingetreten ist, und von den Gefühlen, die dieser Tod bei ihm ausgelöst hat. Das können ganz

Anlass und Klage gehören zusammen.

unterschiedliche sein: Trauer, Erschrecken, das Gefühl des Verlustes, aber auch der Gedanke, dass der Betroffene, falls er länger gelitten hat, jetzt erlöst ist. Dieser Teil kann ruhig ein paar Sätze umfassen. Er geht über in die Würdigung des Verstorbenen.

Würdigung

Bei der Würdigung ist weniger meist mehr.

Das, was man an einem Menschen besonders geschätzt hat, wird man am meisten vermissen. Anders als beim Beileidsbrief soll die Würdigung zusätzlich einen informativen Charakter haben und einen Eindruck vom Leben des Verstorbenen vermitteln. Dies muss schwerpunktartig geschehen, sonst wird das Zuhören anstrengend. Nicht alles soll gleich ausführlich abgehandelt werden. Setzen Sie Schwerpunkte!

Thematische Schwerpunkte setzen!

Falls Sie nicht als guter Freund oder gar Verwandter sprechen, sondern als Vertreter der beruflichen Welt oder eines Vereins, sollten Sie den Schwerpunkt auf das legen, was den Verstorbenen für die Gruppe, in deren Namen er gewürdigt wird, so wichtig und unverzichtbar gemacht hat, und was er für diese Gruppe (beispielsweise die Abteilung oder den Verein) geleistet hat.
Wenn Sie länger sprechen, so können Sie schwerpunktartig die Lebensphasen des Verstorbenen skizzieren, seinen Charakter würdigen und besondere Ereignisse schildern. Auch hier macht es sich gut, wenn Sie alles unter ein thematisches Motto stellen. Mehr dazu steht im Abschnitt »Den roten Faden finden« (Seite 68).

Abschluss: Trauer, Trost und Hoffnung

Als Redner spricht man Gefühle stellvertretend für alle Anwesenden aus.

Mit diesem Teil der Rede entlässt man die Zuhörenden wieder. Deshalb ist es durchaus angemessen, sich als Trauergemeinde – Redner und Zuhörerschaft – noch einmal selbst zum Thema zu machen. Beispielsweise, indem erneut die eigenen Gefühle angesprochen werden, aber jetzt auch im Blick auf die unmittelbare Zukunft. Denn alle, die hier versammelt sind, gehen aus dieser Trauerfeier in ihr Leben hinaus und nehmen die Erinnerung an den Verstorbenen, aber auch die jetzt emp-

fundenen Gefühle der Trauer und des Abschieds mit. Das können Sie als Redner stellvertretend für alle aussprechen und damit gleich Ihre Hoffnungen und guten Wünsche für die engsten Angehörigen verbinden.
Wie man das am besten macht, ersehen Sie aus den Mustertexten und aus den Textbausteinen am Schluss des Buches.

Erlaubt und nicht erlaubt

Nicht übertrieben loben!

Wie schon für den Beileidsbrief, so gilt auch für das gesprochene Wort: Gutes sagt man so, dass es glaubwürdig und authentisch ist. Also auch als Redner oder Überbringer eines Grußwortes keine Lobeshymnen verfassen – sie wirken übertrieben und peinlich!
Tipp: Je konkreter Sie in Ihrer Würdigung sind, desto leichter tun Sie sich damit, authentisch und glaubwürdig zu sein. Je anschaulicher Sie bestimmte Charakterzüge des Verstorbenen oder Ereignisse aus seinem Leben schildern, desto leichter wird es Ihnen fallen, Worte zu finden. Und desto tröstlicher werden Ihre Worte für die Angehörigen sein.

Je konkreter, desto besser.

Das bedeutet nicht, dass Sie Anekdoten erzählen sollen – es würde wohl auch nicht zur Stimmung passen. Aber bleiben Sie im Konkreten, Erlebten, und plündern Sie kein philosophisches Wörterbuch, um die Tugenden des Verstorbenen etwa möglichst abstrakt zu preisen. Sicher gibt es ja auch ganz sachliche Erfolge, berufliche und private Leistungen, die ein gutes Gerüst für die Würdigung abgeben.

Probleme sind nicht tabu.

Und das Schwierige, das es im Leben des Verstorbenen sehr wahrscheinlich auch gab? In Absprache mit den Angehörigen darf man das durchaus erwähnen, beispielsweise Jahre des beruflichen Kämpfens, der familiären oder gesundheitlichen Belastungen.

Schwächen nur erwähnen, wenn es liebenswert geht.

Auch die Schwächen des Betreffenden darf man ansprechen, aber nur, wenn das auf liebenswerte Weise möglich ist. Beispielsweise dürfen Sie von einem zum

Jähzorn neigenden Menschen sagen, dass der Verstorbene aus seinem Herzen keine Mördergrube machte und ein temperamentvoller Mensch war. Aber sollte derjenige zu Lebzeiten – um ein weiteres Beispiel zu nennen – gewalttätig gewesen sein, so lässt sich das überhaupt nicht nett und liebenswert formulieren und muss deshalb draußen bleiben. Allenfalls ein diskretes »Er hat es den Menschen um sich herum nicht immer leicht gemacht« ist dann in Ordnung. Es zeigt: Wir wissen Bescheid, wir lobhudeln nicht, aber wir treten auch nichts breit.

Falls der Todesfall tragisch ist: Wie beim Beileidsbrief, so wird auch bei der Traueransprache niemand von Ihnen erwarten, dass Sie die Frage nach dem Warum beantworten. Sie können Ihre Hilflosigkeit und Verzweiflung eingestehen – vielleicht ist sie das Gefühl, das, neben der Trauer, die Anwesenden alle am stärksten miteinander teilen.

Manche Redner sprechen den Verstorbenen direkt an…

Wer dem Verstorbenen eng verbunden ist, möchte ihn in der Kondolenzrede vielleicht persönlich ansprechen – so, als ob er noch leben würde. Das geschieht oft und ist verständlich, denn der Tod liegt noch nicht lange zurück und die meisten Trauernden stehen noch ganz unter dem Eindruck des lebendigen Menschen, mit dem sie bis vor kurzem Kontakt hatten. Wenn Sie das eingangs zu den Trauerphasen Gesagte bedenken, so bestätigt sich hier, dass gerade die intensiv Trauernden das Geschehene oft noch gar nicht richtig begriffen haben oder sich verzweifelt gegen die bittere Erkenntnis des Verlustes wehren.

…andere lehnen dies ab…

Dagegen wird in vielen Büchern empfohlen, als Redner solle man den Verstorbenen nicht persönlich ansprechen. Die Meinungen sind hier also gespalten.

…entscheiden Sie also ruhig selbst!

An dieser Stelle soll weder aus der einen noch aus der anderen Meinung ein Dogma gemacht werden. Hauptsache, die gewählte Form passt zu einem selbst. Wer den Verstorbenen aus inniger Verbundenheit heraus ansprechen möchte, soll dies ruhig tun. Wer ein weniger gefühlsbetontes Verhältnis zu ihm hatte, bleibt besser bei der dritten Person, spricht also von »ihm« oder »ihr«.

Am besten blättern Sie noch einmal vor, zu der »Ersten Hilfe gegen Schreibblockaden« (Seite 21). Dort finden Sie wichtige Hinweise, die Ihnen den Schreibprozess erleichtern. Da ein Grußwort und eine Kondolenzrede aber doch noch andere Anforderungen an den Verfasser stellen als ein Beileidsbrief, folgt hier eine idealtypische Schilderung der dazu notwendigen Arbeitsschritte.

Lesen Sie auch bei der »Ersten Hilfe gegen Schreibblockaden« nach!

Einstimmung und Materialsammlung

Bevor Sie gleich die ersten Sätze aufs Papier oder in den PC bringen wollen, sollten Sie sich innerlich auf die Situation einstimmen: Stellen Sie sich den Ort vor, an dem Sie sprechen werden, stellen Sie sich ebenso Ihre Zuhörer vor.

Denken Sie an den Verstorbenen, den Sie würdigen möchten. Wie war er – welche besonderen Eigenschaften besaß er, welche Interessen und Hobbys? Welche Menschen haben ihn umgeben?

Rufen Sie sich den Verstorbenen ins Gedächtnis.

Wenn Sie seinen Lebensweg insgesamt würdigen werden: Vielleicht wollen Sie noch Informationen darüber einholen? Wenn eine bestimmte Aktivität, eine Aufgabe oder ein Engagement der Anlass sind, aus dem Sie sprechen: Worum ging es hier genau? Was hat den Beitrag des Verstorbenen so wichtig gemacht?

Wenn Sie anfangen, über all das nachzudenken und vielleicht sogar aufzuschreiben, was Sie bereits wissen, werden Sie vielleicht merken, dass Ihnen noch wichtige Punkte fehlen. Sicher werden Angehörige oder Freunde Ihnen bei der Recherche behilflich sein. Vielleicht treffen Sie sich zu einem ruhigen Gespräch, bei dem Sie auch Fotos anschauen und sich von ihnen inspirieren lassen? Sicher wird bei solch einem Treffen geweint und gelacht. Sicher tragen Sie auf diese Weise eine ganze Menge zusammen, gewinnen vielleicht noch einmal ein neues Bild vom Verstorbenen.

Holen Sie Informationen bei den Angehörigen ein; daraus ergeben sich oft intensive Gespräche.

Wichtig ist, dass Sie sich über Ihr eigenes Verhältnis zum Verstorbenen klar sind. Wie haben Sie einander kennen

Wie standen Sie selbst zum Verstorbenen?

gelernt, wie standen Sie zueinander? Was mochten Sie persönlich besonders an diesem Menschen, was werden Sie nun besonders vermissen? Was haben Sie als schwierig empfunden? Letzteres können Sie sich ohne schlechtes Gewissen auch klarmachen – ohne dass Sie es dann in der Rede erwähnen. Für Sie selbst ist es gut, hier ehrlich zu sich zu sein, damit Sie nicht in eine selbst gestellte Falle laufen.

Den roten Faden finden

Wenn Sie alles gesammelt haben, versuchen Sie, in diesem Knäuel den Anfang eines Fadens zu finden. Meist ist es nämlich so, dass sich mit einem solchen Anfangsstück die ganze Geschichte entwirren lässt – eben wie an einem roten Faden.

Suchen Sie für den Beginn des Schreibens einen thematischen Aufhänger.

Sie finden dieses Anfangsstück, indem Sie sich für einen thematischen Schwerpunkt entscheiden. Beim Grußwort im engeren Sinne ist das ganz klar die Zugehörigkeit zum Verein oder zum Betrieb. Bei all dem, was stärker in Richtung Rede geht, sollten Sie ebenfalls einen thematischen Schwerpunkt wählen. Mögliche Schwerpunkte sind: der Verstorbene als guter Freund; als Familienmensch; als kreativer und begabter Kopf; als sensibler Gesprächspartner; als Naturliebhaber usw. Wenn Sie solch einen Schwerpunkt wählen, können Sie alles, was Sie sagen wollen, darauf beziehen und daran aufreihen – so entsteht der berühmte rote Faden. Diese Methode hat vor allem den Vorteil, dass Sie keine chronologische »Erst kam dies, dann kam das«-Geschichte von der Wiege bis zur Bahre erzählen.

Der rote Faden hilft beim Gliedern des Stoffes.

Oben hieß es, dass in einer ausführlicheren Würdigung die Lebensphasen des Verstorbenen, sein Charakter und besondere Ereignisse vorkommen sollten. Der rote Faden hilft Ihnen nun, diese Dinge zu verbinden.

Zum Beispiel: Der Verstorbene als Freundschaftsmensch.

Nehmen wir beispielsweise das Thema »Freundschaft«: Sie können mit einem Erlebnis anfangen, das den Verstorbenen als guten Freund zeigt – womit Sie schon eine Charaktereigenschaft angesprochen haben. Dann gehen Sie zu seiner Lebensgeschichte über, nach dem Motto:

»Sein Talent zur Freundschaft hat Fritz Hoffmann vielleicht schon in die Wiege gelegt bekommen. Sicher verdankte er es aber auch seinem liebevollen Elternhaus …« und schon sind Sie mitten in der Lebensgeschichte angekommen.
Blättern Sie jetzt noch einmal vor zur »Ersten Hilfe gegen Schreibblockaden« und schauen Sie sich das Cluster an. Vielleicht machen Sie eines und schauen dann, welches Thema sich als Schwerpunkt herauskristallisiert – beispielsweise, weil es mehrfach auftaucht oder weil viele weitere Assoziationsketten von ihm abzweigen.

Machen Sie jetzt ein Cluster!

Den ersten Satz hinschreiben

Und welches ist der erste Satz? Es ist nicht unbedingt die Anrede, die können Sie auch noch ganz zuletzt vor die fertige Rede stellen. Es ist auch nicht unbedingt das »Wir sind hier zusammengekommen, um …«. Der erste Satz, den Sie hinschreiben, das ist der, der Ihnen am leichtesten fällt – auch wenn er in der fertigen Rede später in der Mitte oder ganz hinten steht.

Schreiben Sie zuerst den Satz hin, der Ihnen am leichtesten fällt…

Lösen Sie sich von der Vorstellung, Sie müssten die Rede auf jeden Fall von Anfang bis Ende der Reihe nach herunterschreiben. Das können Sie zwar so halten, aber Sie müssen es nicht. Sie können auch mit dem anfangen, was Ihnen am leichtesten fällt. Legen Sie sich den Aufbau und Ihr Cluster oder einfach eine Stichwortsammlung hin – und dann fangen Sie mit dem an, was Ihnen zuerst einfällt und wozu sich am ehesten die Worte einstellen.

…auch wenn dieser Satz später nicht am Anfang der Rede steht.

Sie können sich auch einen schönen Dichterspruch aussuchen und ihn Ihrer Rede voranstellen. Dann schreiben Sie zunächst, was Ihnen zu diesem Spruch einfällt und warum er so gut auf diesen verstorbenen Menschen, auf diesen Verlust, diese Trauer passt.

Auch möglich: mit einem Sinnspruch zu beginnen.

Weiterschreiben

Wenn Sie auf diese Weise hoffentlich gut ins Schreiben hineingekommen sind, dann erobern Sie sich von dem Textbaustein aus, den Sie nun bereits stehen haben, die

Beim Weiterschreiben den Aufbau und die Stichwortsammlung benutzen.

restliche Rede. Sie können auch erst einmal weitere Textbausteine schreiben und sie später zu einem Ganzen zusammenfügen. Der Aufbau, den die fertige Rede einmal haben soll, liegt immer daneben, so haben Sie die Kontrolle, dass Sie nichts vergessen und später alles in der gewünschten Reihenfolge steht.

Außerdem liegt natürlich Ihre Stichwortsammlung oder Ihr Cluster daneben – das ist quasi der Steinbruch oder die Vorratskammer, aus dem Sie immer neues Material in Ihre nun Stück für Stück wachsende Rede hinüberschaffen.

Neue Einfälle gleich notieren!

Legen Sie auch ein weiteres leeres Papier dazu, auf dem Sie alles notieren, was Ihnen während des Schreibens noch neu einfällt. Denn da ergibt sich garantiert noch einiges: weitere Stichworte, eine mögliche Reihenfolge im Detail, ein bestimmtes Ereignis, das nicht vergessen werden darf…

Überarbeiten

Gefühlsstärke der Rede prüfen!

Wenn die Rede einmal fertig heruntergeschrieben ist, dann gehen Sie sie mit etwas Abstand durch und prüfen, ob alles gut zusammenpasst und ob die Worte angemessen sind – nicht zu stark, nicht zu schwach. Lesen Sie sich im Zweifel die betreffende Passage einmal laut vor. Dann werden Sie gleich merken, ob der Satz harmonisch ist oder ob Ihnen die Worte schwer über die Lippen gehen. Im letzteren Fall suchen Sie nach Alternativen – schauen Sie am Schluss dieses Buches bei den Textbausteinen und Formulierungshilfen nach.

Jetzt ist auch der richtige Zeitpunkt, um die Rede sprachlich noch etwas aufzulockern. Gerade wenn man wenig Erfahrung mit dem Schreiben hat, achtet man darauf beim ersten Niederschreiben nicht so sehr – deshalb ist ein Überarbeiten auch in dieser Hinsicht ganz sinnvoll.

Machen Sie mal nicht nur Punkte!

Wie lockert man eine Rede auf? Zum einen, indem man verschiedene Arten von Sätzen wählt. Nicht nur Aussagen, an deren Ende ein Punkt steht, sondern auch mal Fragen oder Ausrufe. Beispielsweise: »Wer hätte damals gedacht, dass aus diesem schüchternen jungen Mann einmal …« Oder »Welch ein Glücksfall für die kleine Gemeinschaft damals!«

Die hohe Kunst der unvollständigen Sätze.

Sie können auch Aussagen verstärken, indem Sie sie mit anderen Worten noch einmal wiederholen. Etwa so: »Fritz Hoffmann liebte das Wagnis. Das Risiko. Er kannte keine Angst. Oder etwa doch? Wer in einer stillen Stunde mit ihm sprach …« Was an dieser Satzreihung außerdem auffällt, ist, dass ein Satz auch dann gut klingen kann, wenn er nicht, wie es im Deutschunterricht gelehrt wurde, Subjekt, Prädikat und Objekt zusammen enthält. »Das Risiko.« ist eigentlich kein vollständiger Satz, klingt aber wie einer.

Ob solch eine Reihung wie die eben zitierte gut klingt, merken Sie am besten, wenn Sie sich das Geschriebene selbst laut vorlesen. Lesen Sie sich auch längere Sätze einmal laut vor und achten Sie darauf, ob man an manchen Stellen statt des Kommas einen Punkt setzen kann. Nebensätze, vor allem Schachtelsätze, eignen sich nämlich schlecht für eine Rede – manchmal klappern dann drei, vier Verben nach. Besser ist es, Sie lösen diese Sätze auf.

Vorsicht vor Schachtelsätzen!

Ein Beispiel für einen Schachtelsatz: »Fritz Hoffmann nutzte sein Vermögen, das er sich während der vielen Jahre, in denen er mit großem Erfolg als selbstständiger Handelsvertreter tätig gewesen war, erarbeitet hatte, um unser Gemeinwesen zu fördern.« – Zugegeben, das war die Karikatur eines Satzes. Und so sähe er aufgelöst aus: »Lange Jahre war Fritz Hoffmann als selbstständiger Handelsvertreter tätig. Mit großem Erfolg. In dieser Zeit erarbeitete er sich sein Vermögen. Und das nutzte er, um unser Gemeinwesen zu fördern.« Sogar ein unvollständiger Satz ist jetzt dabei: »Mit großem Erfolg.« Wenn Sie ihn beim Vortrag durch winzige Pausen einrahmen, bekommt er noch mehr Gewicht.

Beziehen Sie die Zuhörer mit ein.

Aufmerksamkeit erzielen Sie auch, wenn Sie die Zuhörer direkt ansprechen und ebenso sich selbst mit einbeziehen. Etwa so: »Viele unter Ihnen haben Fritz Hoffmann etwas zu verdanken. Zu diesen Menschen zähle auch ich mich …«

Fischen Sie ungewollte Untertöne raus.

Achten Sie auch darauf, wie Sie durch die Reihenfolge der Satzteile eine andere Betonung erzielen können. Vergleichen Sie diese beiden Aussagen: »Er hat seine Familie geliebt.« »Seine Familie hat er geliebt« – und sonst wohl niemanden, möchte man bei dieser zweiten Variante vermuten. Auch solchen versteckten Aussagen kommen Sie am ehesten auf die Schliche, indem Sie sich Ihren Text langsam und mit natürlicher Betonung laut vorlesen. Vielleicht finden Sie auch jemanden, der ihn kritisch anhört und Ihnen Rückmeldung gibt.

Längenkontrolle

Lesen Sie laut und stoppen Sie in Echtzeit mit.

Lesen Sie Ihren Text in vortragsgeeigneter Geschwindigkeit – also nicht zu schnell – laut durch und stoppen Sie die Zeit. Lesen Sie ihn wirklich laut, auch wenn Sie allein sind! Sonst schummeln Sie mit dem Tempo und werden schneller, ohne dass Sie selbst es merken. Wie gesagt, länger als vier Minuten sollte Ihre Rede nicht dauern.

Memorieren

Sie müssen Ihre Rede nicht frei halten, sondern können Sie ebenso gut vom Manuskript ablesen. Sollten Sie sich fürs Auswendiglernen und den freien Vortrag entscheiden, ist es trotzdem gut, das Manuskript mit nach vorn zu nehmen – so ist für den Fall eines Blackouts vorgesorgt.

Gucken Sie beim Ablesen immer wieder hoch.

Aber auch, wenn Sie sich – wie die meisten Menschen, die nur in Ausnahmefällen eine Rede halten – gegen das freie Vortragen entscheiden, ist eines wichtig: Blicken Sie oft vom Papier hoch und schauen Sie Ihre Zuhörerschaft an! Der Vortrag wirkt dann viel lebendiger, außerdem geraten Sie auf diese Weise nicht in Versuchung, an Tempo zuzulegen.

Auswendiglernen erfordert Geduld und lohnt sich.

Zu diesem Zweck sollten Sie Ihre Rede memorieren – sprich, sich so einprägen, dass Sie es sich beim Vortragen leisten können, hochzuschauen, weil Sie dadurch nicht aus dem Konzept kommen. Am besten memorieren Sie, indem Sie einen Satz laut lesen und versuchen, ihn auswendig zu wiederholen. Erst wenn das gelungen ist, dürfen Sie zum nächsten Satz übergehen, mit dem Sie dann genauso verfahren. Wenn Sie am Ende des Absatzes angekommen sind, versuchen Sie, den ganzen Absatz aus dem Kopf zu sprechen, bevor Sie den nächsten in Angriff nehmen.

Tipps für die Vortragssituation

Oben wurde schon gesagt, wie wichtig es ist, die Zuhörer und Zuhörerinnen während des Vortrags anzuschauen. Sie fühlen sich dann viel mehr einbezogen und bleiben aufmerksamer. Allerdings kann es bei einem größeren Publikum sehr verwirrend sein, in so viele Gesichter zu schauen: Jedes Mal fängt man einen anderen Blick auf. Das macht unruhig. Doch hier gibt es einen guten Trick, den auch erfahrene Redner nutzen: Suchen Sie sich drei, vier markante Punkte (oder Köpfe) im Publikum: vorn, in der Mitte und hinten. Und auf die konzentrieren Sie sich im Wesentlichen. Sie werden auf diese Weise nicht immer in dieselbe Richtung gucken – und trotzdem hat Ihr Blick mehr Halt. Achten Sie vor allem darauf, auch die hinteren Reihen anzuschauen! Sie werden dann automatisch lauter

Eine große Zuhörerschaft muss Sie nicht verwirren. Auch da gibt es Tricks.

sprechen – und damit hinten wirklich besser verständlich –, als wenn Sie sich nur auf die vorderen Zuhörer konzentrieren.
Sprechen Sie vor einer kleineren Gruppe von Menschen, so ist es höflicher, wenn Sie zwischendurch jeden einmal anblicken. Aber stressen Sie sich damit nicht – es genügt, wenn Sie sich vornehmen, dass Sie nicht immer in dieselbe Richtung blicken, wenn Sie den Kopf heben.

Achten Sie auch auf die Gestik, üben Sie vorher.

Ebenso wichtig wie die Augen sind die Hände. Wenn Sie an einem Pult stehen, so legen Sie sie rechts und links vom Papier ab. Wenn Sie frei stehen, so haben Sie ja Ihr Redemanuskript. Aber halten Sie es locker, klammern Sie sich nicht daran fest. Sie können auch zwischendurch das Papier nur mit einer Hand festhalten und mit der anderen eine unterstreichende Geste machen. Aber übertreiben Sie es nicht damit. Vielleicht schauen Sie einmal vor dem Spiegel, wie solch eine Geste wirkt, oder Sie fragen zunächst einen vertrauten Menschen.

Laut sprechen! Und nicht leiser werden!

Langsam sprechen ist wichtig – das kann nicht oft genug gesagt werden. Und sprechen Sie laut! Wenn Sie selbst den Eindruck haben, es sei etwas zu laut, ist es vermutlich genau richtig. Für einen selbst klingt die eigene Stimme in solchen Situationen nämlich meist unvertraut und laut. Und bedenken Sie: Man neigt nicht nur dazu, schneller, sondern auch leiser zu werden. Falls möglich, vereinbaren Sie mit einem Vertrauten unter den Zuhörern eine Signalgeste, die Ihnen zeigt, dass Sie zu leise sind. Beispielsweise kann sich derjenige kurz ans Ohr fassen.
Falls mehrere Redner sprechen, seien Sie nicht allzu überrascht, wenn Dinge doppelt vorkommen. Sie können Ihre Rede trotzdem wie geplant vortragen. Dem Risiko der Doppelungen entgehen Sie allerdings umso sicherer, je individueller Ihre Würdigung ausfällt.

Ein Blackout? Einfach neu ansetzen!

Falls Sie ein Blackout erwischt – ruhig Blut, so etwas ist keine Blamage! Suchen Sie einfach auf Ihrem Manuskript den Anfang des betreffenden Satzes und fangen Sie dort noch einmal an.
Zum Abschluss noch zwei wichtige Hinweise: Lassen Sie, wenn Sie nach vorn getreten sind, ein paar Augenblicke

verstreichen, bevor Sie den ersten Satz sagen. Sonst wirkt es leicht gehetzt. Und: Konzentrieren Sie sich beim Sprechen auf die Menschen, die Ihnen wichtig sind und denen Sie Trost und Zuspruch geben wollen. Behalten Sie Ihr Anliegen, Ihre Aufgabe im Blick – das lenkt von der eigenen Befindlichkeit ab. Schließlich halten Sie Ihre Rede ja, weil Sie einen Verstorbenen würdigen und seinen Angehörigen mit Ihren Worten ein Geschenk machen möchten.

Denken Sie an Ihr Anliegen: an die Würdigung und den Trost, die Sie geben wollen.

Mustertexte

Im Folgenden finden Sie Beispiele für Grußworte und Kondolenzreden, die Sie nutzen können. Lassen Sie sich von den Texten inspirieren und scheuen Sie sich nicht, Teile davon, falls es passt, in Ihre eigene Ansprache zu übernehmen.

Familiärer Bereich

Dass die nächsten Angehörigen eines Verstorbenen bei der Trauerfeier selbst das Wort ergreifen, wird nicht unbedingt erwartet, im Gegenteil. Oft sind sie zu erschüttert, um etwas sagen zu können. Viele empfinden es auch als tröstlicher, sich von guten Freunden Worte des Trostes zusprechen zu lassen.
Andererseits gibt es immer wieder Hinterbliebene, die mit einer persönlichen Rede ihrer Verbundenheit mit dem Verstorbenen noch einmal besonderen Ausdruck verleihen wollen. Die folgenden Beispieltexte sind für diese Fälle gedacht.

Ein besonderer Liebesbeweis: als Angehöriger am Grab zu sprechen.

Ein alter Mensch ist gestorben

Der Sohn spricht am Grab der verwitweten Mutter, die in hohem Alter plötzlich gestorben ist

Liebe Geschwister, liebe Freundinnen und Freunde unserer Mutter und alle, die heute von ihr Abschied nehmen,

Einstieg über ein Sprichwort.

ein Sprichwort sagt, wenn zur Beisetzung die Sonne scheint, dann ist der betreffende Mensch einen guten Tod gestorben. Als ich heute früh aus dem Fenster schaute und den strahlend blauen Himmel sah, da fiel mir dieses Sprichwort ein und ich musste unwillkürlich lächeln.

Die Verstorbene liebte Licht und Luft über alles.

Es hätte unserer Mutter wirklich gefallen, dass am Tag ihrer Beisetzung solch ein wundervolles Licht herrscht. Sie hatte einen Sinn für schöne und gelungene Inszenierungen. Und der Sonnenschein war ihr Lebenselixier, das hat sie selbst immer wieder gesagt. Licht und Luft, die freie und weite Natur, das hat ihr in beinahe jeder Situation Kraft gegeben. Wer sie näher kannte, der wusste: Wenn sie einmal traurig oder mutlos war, so half ihr ein Spaziergang um ihren geliebten See, wieder ins seelische Gleichgewicht zu kommen.

Humorvolle Erinnerung.

Begleitung lehnte sie in solchen Fällen stets ab – und sie wusste auch warum. Sie legte bei solchen Spaziergängen nämlich gern ein ordentliches Tempo vor – zumindest bis vor wenigen Jahren, bis die Beine dann nicht mehr so mitmachten. Ich sehe ein paar von Ihnen nicken und schmunzeln – ja, so ist es wirklich gewesen.

Dankbarkeit für hohes Alter und kurze Leidenszeit.

Es stimmt auch, dass unsere Mutter einen guten Tod gestorben ist. Dafür sind wir, die wir sie geliebt haben, bei aller Trauer sehr dankbar. 84 Jahre alt ist sie geworden und sie, die auf ihre Selbstständigkeit immer großen Wert gelegt hat, durfte ohne lange Zeit der Pflegebedürftigkeit sterben. Ein Sonnenkind – auch darin.

Charakterbeschreibung der Verstorbenen.

Trotzdem: Wohl niemand, der sie auch nur ein bisschen gekannt hat, würde sagen, Anneliese Hubermann habe ein sonniges Gemüt gehabt. Dafür hat sie als Kind und auch später zu viel Schweres erlebt. Sie war ein nachdenklicher Mensch, der ebenso gern lachte, wie er sich seiner Tränen nicht schämte. So lässt sich ihr Wesen vielleicht am zutreffendsten beschreiben.

Rückblick auf die Kindheit der Verstorbenen …

Geboren in einer Kaufmannsfamilie, spürte sie früh die Sorgen der Eltern während der Inflationsjahre. Dass ihr trotzdem der Besuch des Gymnasiums ermöglicht wurde, dafür war sie ihren Eltern zeitlebens dankbar. Und hier lag wohl auch der Grund für ihre nie nachlassende Fürsorge und Förderung, als wir Kinder dann ebenfalls die höhere Schule besuchten. »Was ihr gelernt habt, kann euch keiner mehr nehmen«, so pflegte sie stets zu sagen. Ihren Vater und ihren älteren Bruder verlor sie im Zweiten Weltkrieg. So war es für sie selbstverständlich, die Mutter in ihre eigene, soeben erst gegründete Familie mit aufzunehmen. Wir Kinder liebten es, die Oma im Haus zu haben, und es spricht wieder für die Lebensfreude unserer Mutter, dass sie uns ohne schlechtes Gewissen auch mal bei Oma ließ, um mit unserem Vater tanzen zu gehen. Es waren ja die Wirtschaftswunderjahre und es gab einiges nachzuholen an Vergnügungen. Sie hat später immer wieder von jener Zeit erzählt und oft gesagt, es sei ihre beste gewesen.

...auf ihre besten Jahre...

An dieser Stelle fällt es mir schwer, weiterzusprechen. Denn wir alle wissen: Diese gute Zeit, sie hat nicht lange gedauert. Vor vierzig Jahren standen wir hier und mussten unseren Vater zu Grabe tragen. Ich werde Mutters schmerzverzerrtes Gesicht mein Lebtag nicht vergessen. Damals begannen sie, die Spaziergänge um den See. Und es ist sicher nicht übertrieben, zu sagen, dass diese Spaziergänge Mutter die Lebenskraft zurückgegeben haben, die sie brauchte, um uns auf unserem Weg ins Leben zu begleiten. Denn das tat sie, mit aller Kraft, die ihr zur Verfügung stand. Und zum Glück, wirklich zum Glück, durfte sie miterleben, wie wir alle drei einen Beruf ergriffen und eine Familie gegründet haben. Das liegt ja nicht unbedingt in des Menschen Hand, das lässt sich – bei allem Einsatz – nicht erzwingen. So können wir heute sagen: Das Leben hat unserer Mutter viel genommen, aber auch viel gegeben. So, wie sie uns unendlich viel gegeben hat.

...die nur allzu schnell vorbei waren: Der Mann starb früh.

Irgendwann lief Mutter dann nicht mehr allein um den See – Peggy begleitete sie, der erste einer ganzen Reihe bezaubernder Mischlinge. Sie hat sie mit dem ihr eigenen Gespür für liebebedürftige Wesen aus dem Tierheim geholt: kleine Findlinge, die sich unter ihrer Fürsorge zu selbstbewussten Hütern von Haus und Garten und – leider muss es gesagt werden – zu Herrschern über das

Aber es gab auch später noch Freude in ihrem Leben.

Wohnzimmersofa entwickelt haben. Einmal, ein einziges Mal hat unsere Mutter hier ihren Sinn für die vollendete Form vergessen – aber sie wird es gewusst und diesen kleinen Regelbruch auch genossen haben, denke ich.

Das Engagement im Tierschutz – einige Vereinsmitglieder sind unter den Zuhörern.

Nur folgerichtig hat sie sich in den folgenden Jahrzehnten für den Tierschutz interessiert. Die Ortsgruppe des Tierschutzbundes verdankt ihr sehr viel – aber die Bereicherung war gegenseitig. Und bei den jährlichen Tagen der offenen Tür im Tierheim konnte Mutter ihr organisatorisches Talent und ihre Vorliebe für gelungene »Events«, wie man heute sagt, so richtig spielen lassen. Mit Freude und Rührung sehe ich zahlreiche Mitglieder des Tierschutzbundes heute unter uns. Es zeigt mir, wie sehr Sie Mutter noch immer verbunden sind, auch so viele Jahre nach ihrem Ausscheiden aus der aktiven Vereinstätigkeit.

Brückenschlag zu den Enkeln.

Für euch, Katharina, Sebastian und Marco, war es natürlich toll, eine Großmutter mit solchen Verbindungen zu haben. Ich weiß noch, wie sehr ihr euch immer auf die Besuche bei ihr gefreut habt. Eure heutige Tierliebe verdankt ihr sicher diesen Erfahrungen. Und deinen Plan, Marco, Tierarzt zu werden, hat eure Großmutter mit Begeisterung aufgenommen.

Trost und Dankbarkeit: Manches setzt sich fort – von einer Generation zur anderen.

So spinnen sich die Lebensfäden und -linien fort, von einer Generation zur anderen. Ein tröstlicher Gedanke ist das. Wir sind traurig, weil wir unsere Mutter und Großmutter nun verloren haben. Weil wir sie nicht mehr umarmen und ihre Stimme nicht mehr hören können. Aber wir tragen mit uns, was sie uns durch ihr Wesen und ihr Dasein geschenkt hat: Liebe, Mut und die Freude an allem, was lebendig ist. Dafür werden wir ihr immer dankbar sein.

Die Tochter spricht am Grab des Vaters, der in hohem Alter nach längerer Pflegebedürftigkeit gestorben ist

Rückblick: Der Verstorbene wollte, dass die Tochter eine Rede hält.

Liebe Mutter, liebe Trauergemeinde,
als ich Vater vor wenigen Monaten besuchte, da kam er in einem der klaren Momente, die ihm doch immer

wieder geschenkt wurden, auf den heutigen Tag zu sprechen. Wir wussten damals nicht, wie nah dieser Tag schon herangerückt war. »Du sollst etwas sagen«, flüsterte Vater – leise, aber deutlich. Wir beide – du, Mutter, und ich – wollten erst abwehren. Aber wie gut, dass wir es nicht getan haben! Vater schien zu wissen, dass er nicht mehr lange zu leben hatte. Und er wollte eben gern, dass ich bei dieser Trauerfeier eine kleine Rede halte.

Sonst sprach immer der Vater für die Tochter.

Es ist mir trotzdem merkwürdig, hier zu stehen und zu sprechen – und er, dem diese Worte gelten, kann sie nicht mehr hören. Mir fallen die Anlässe ein, bei denen er für mich eine Rede gehalten hat: Konfirmation, Abitur, Praxiseröffnung – so viele gute Worte hat er jedes Mal für mich gefunden. Er kannte mich ja auch sehr genau und hatte einen Großteil meines Lebens begleitet.

Wie viel weiß ich vom Verstorbenen?

Aber wie viel weiß ich eigentlich von seinem Leben? Als ich geboren wurde, war er 45 Jahre alt. Kein junger Vater – auch für heutige Verhältnisse nicht. Der Krieg hatte ihn daran gehindert, schon eher eine Familie zu gründen.

Schöne Kindheitserlebnisse mit dem Vater in der Natur: Kaulquappen fangen.

Als er sie dann endlich hatte, seine Familie, hat er ihr seine ganze Liebe geschenkt. Schon als kleines Mädchen, wenn ich auf seinen Knien saß und meine Wange am rauen Strick seiner Jacke zerkratzte, spürte ich: Hier war Geborgenheit, hier war ich angenommen mit meinen kleinen und großen Kümmernissen. Freilich, er war kein Alltagsvater – das war nicht üblich zu jener Zeit. Er war abends da und am Sonntag. Umso spannender war er dann für mich: Er ging hinaus mit mir, Vögel beobachten und Kaulquappen fangen. Die brachten wir dann mit nach Hause – um sie ein paar Tage später wieder auszusetzen. Du, liebe Mama, hattest uns dann doch überzeugt, dass ein Wassereimer keine gute Kinderstube für werdende Frösche ist. »Meine beiden Heißsporne«, pflegtest du oft zu sagen. Erst als Erwachsene habe ich darin nicht nur den Scherz, sondern auch die gelegentliche Ratlosigkeit erkannt, mit der du Vaters spontanen Einfällen manchmal gegenüberstandest.

Ein paar Worte über die Ehe der Eltern.

Du warst eher für das Praktische, Vernünftige zuständig – keine unbedingt dankbare Rolle. Aber ich glaube, Vater war dir dankbar für deinen Realitätssinn. Er brauchte es, geerdet zu werden, er brauchte eine feste Basis – und die hatte er bei dir. Die langen Jahre der Unbeständigkeit und des Umherziehens, die ihm der Krieg und die Flucht gebracht hatten, sie waren zu Ende, als er seine Familie hatte. Und darüber war Vater, so glaube ich, unendlich froh.

Die ferne Heimat des Vaters – sein Heimweh.

Ich glaube auch, dass sein Sinn für das Unbeschwerte, Alberne ihm half, sein Heimweh zu vergessen. Er kam ja von der Ostseeküste, aus Wismar, und hat seiner Heimat doch immer nachgetrauert. Das rollende R und eine gewisse Art, die Vokale zu dehnen, hatte er sich von dort mitgebracht. Und die Grenzöffnung, die Wiedervereinigung war für ihn ein großes Geschenk in seinen späten Jahren. Oft ist er noch hochgefahren, hat sich den Ostseewind um die Nase wehen lassen und die Orte seiner Jugend wieder aufgesucht. Du, liebe Mama, hast ihn zweimal begleitet. Ich glaube, das war sehr wichtig für ihn: dich teilhaben zu lassen an seinen frühen Erfahrungen.

Sein besonderes Erkennungszeichen.

Doch trotz seines Heimwehs hatte er sich letztlich gut eingelebt hier, im Süden. Auch das klang in seiner Sprache wider, die so manche badische Eigenheit aufgenommen hatte. Eine einzigartige Mischung eigentlich: vorpommersch und badisch. So einzigartig wie mein Vater selbst.

Die Freunde gaben ihm Halt.

Hier am Ort hat er sich einen festen Stand in der Gemeinschaft erworben. Mit Freude und Rührung sehe ich euch, seine Skatfreunde, heute unter den Trauergästen. Eure Runde war für meinen Vater nach der Familie das Wichtigste. Von euch kam er immer gut gelaunt heim. Euch zu haben, das war auch wichtig, nachdem er in Rente gegangen war und plötzlich viel Zeit hatte.

Natürlich gab es auch mal Streit mit der heranwachsenden Tochter.

Ich will nicht verschweigen, dass es damals mit mir, der nunmehr Halbwüchsigen, so manche Auseinandersetzung gab. Denn natürlich entdeckte er jetzt seine Vaterpflichten erst recht – mir aber war an so viel Fürsorge gar nicht mehr gelegen. Ich wollte ja schon selbst in die Welt hinaus. In jenen Jahren haben wir dir mit unseren Streitereien viel zugemutet, liebe Mama. Ich vermute, das war mit ein Grund, warum du dir noch einmal einen Halbtagsjob gesucht hast. Eine geniale Idee – denn nun eroberte Vater so langsam den Haushalt für sich. Ihr habt damit einen Rollentausch praktiziert, der seiner Zeit weit voraus war und heute immer noch nicht oft anzutreffen ist.

Vor zehn Jahren dann wurde es schlechter mit Vaters Gesundheit. Ich will auf die Krankheit nicht lange eingehen, wir alle wissen, wie er gelitten hat. Aber sagen will ich, wie froh und dankbar wir über die Treue waren, mit der ihr, seine Freunde, ihn besucht und unterhalten habt. Das werden wir niemals vergessen.

Während seiner Krankheit besuchten ihn die Freunde treu.

Du, liebe Mama, hast in dieser letzten Zeit am meisten zu tragen gehabt. Du hast nicht darüber geklagt, sondern immer wieder betont, dass du genau wusstest: Vater hätte für dich dasselbe getan. Und davon bin auch ich überzeugt. Du warst der wichtigste Mensch für ihn – sein »Lebensmensch«, wie er es einmal mit einer seiner unnachahmlichen Wortschöpfungen ausgedrückt hat.

Die Mutter hat am meisten für ihn getan.

Dass die Krankheit ihm zunehmend seine Fähigkeit raubte, mit Worten und mit den Händen kreativ zu sein, darunter hat er sehr gelitten. Und wenn wir jetzt traurig sind über den Abschied von diesem wundervollen Menschen, so wollen wir doch das nicht vergessen: dass sein Leiden jetzt ein Ende hat. Behalten wir ihn so in Erinnerung, wie er es sich gewünscht hätte, in Erinnerung zu bleiben: geistreich, optimistisch – und immer mit einer guten Idee im Ärmel!

Zuletzt war er gehandikapt. Aber in der Erinnerung bleibt er, wie er als Gesunder war.

Die erwachsene Enkeltochter spricht am Grab der Großmutter

Liebe Mutti, liebe Tante Helga, liebe Familien Müller und Gronwald und liebe Freunde,
wir sind heute zusammengekommen, um Berta Gronwald zu Grabe zu tragen. Ein trauriger Tag! Denn dieser Ab-

Trauer über den Abschied von der Oma.

Dankbarkeit für ein langes Leben.

schied, mit dem wir uns nun abfinden müssen, tut einfach weh. Auch wenn ich genau weiß, welches Glück ich hatte, meine Omi noch bis ins Erwachsenenalter hinein zu haben – ich hätte mir doch gewünscht, sie noch für lange, lange bei uns zu haben. Und ich weiß: Euch geht es ebenso.

Jeder kannte die Verstorbene etwas anders – je nach Beziehung.

Wir alle haben Berta Gronwald gekannt – und doch hat jeder ein anderes Stückchen von ihr gekannt. Sie war Tochter, Schwester, Ehefrau, Mutter, Großmutter, Freundin ... Jeder kannte sie ein wenig anders. Und wenn ich als ihre Enkelin jetzt über sie spreche, so tue ich es aus meiner Sicht, vor dem Hintergrund meiner Erlebnisse mit ihr.

Eine liebevoll-wehmütige Erinnerung: Omas viele Arbeit während der Einmachzeit.

Was fällt mir als Erstes ein, wenn ich an Omi denke? Keine Frage – der Küchentisch mit dem nassen, heißen Tuch, darauf die sorgfältig gespülten Einmachgläser. Und überall in der Küche hing dieser köstliche süße, aber auch leicht säuerliche Geruch nach frischen Früchten. In der Einmachzeit lief Omi zur Hochform auf. Sie selbst hat diese Arbeit geliebt – und unter ihr gelitten. Jedes Jahr wieder dachte sie, sie würde des vielen Obstes nicht Herr werden. Aber umkommen lassen wollte sie auch nichts. Ihre Erfahrungen aus der Kriegszeit hinderten sie daran – es wäre eine sträfliche Verschwendung für sie gewesen.

Oma war sparsam – davon profitierten später die Enkel.

Notzeiten haben Berta Gronwalds frühe Jahre geprägt. Aufgewachsen ist sie in Zeiten der Arbeitslosigkeit, daheim herrschte immer Ebbe in der Kasse: Daher rührte ihre Sparsamkeit, mit der sie, gemeinsam mit unserem Großvater, den Grundstock für das heutige Familienvermögen gelegt hat. Dass wir Enkel alle studieren konnten und während dieser Zeit immer noch mal einen Extra-Betrag hatten, etwa für eine schöne Reise, das verdanken wir nicht zuletzt unserer Omi. Sie hat an unserem Werdegang überhaupt viel Anteil genommen, so wie sie schon mit großer Umsicht dafür gesorgt hatte, dass ihre Töchter beide einen Beruf ergriffen. Sie selbst, so hat sie mal erzählt, wäre zu gerne Ärztin geworden. Aber damals war an so etwas nicht zu denken – für die Mädchen ihrer Generation waren andere Lebensläufe vorgezeichnet.

Heute würde man vielleicht sagen: Sie war stattdessen Familienmanagerin. Tatsächlich hatte es etwas davon: Der Geschäftshaushalt mit seinen Anforderungen, der Ehemann, die beiden Töchter, der große Garten und lange Jahre noch ihren Schwiegervater als Pflegefall im Haus – sie wird oft gearbeitet haben bis zum Umfallen. Aber aus ihrer Arbeit bezog sie ihr Selbstverständnis. Man mag das hinterfragen und aus heutiger Sicht anders sehen – es war doch so und ich finde, das ist auch zu respektieren.

Ihr Pflichtgefühl sollten wir auch im Nachhinein respektieren.

Und wir sollten nicht vergessen: Feiern konnte Omi ebenfalls – und das nicht schlecht. Die Kuchenschlachten zu den Geburtstagen, die lustigen Silvesterfeiern und Familienfeste sprechen ihre eigene Sprache. Vielleicht hätte Omi, wäre sie jünger gewesen, nach dem Tod ihres Mannes noch mal einen Partyservice aufgemacht. Es wäre ihr zuzutrauen gewesen.

Lebenslust.

Mit 68 Jahren ist sie Witwe geworden – viel zu früh, wie sie selbst immer wieder gesagt hat. Das Rommékränzchen ist ihr in jenen Jahren eine große seelische Stütze gewesen. Das und die Kirchengemeinde, der Frauenkreis. Sie hatte eine unbeirrbare Frömmigkeit – so eine, wie sie Großmütter wohl haben müssen. »Lobe den Herren, den mächtigen König der Ehren« – dieses Lied von Joachim Neander hing, mit Tusche auf feinem Papier geschrieben, über ihrem Bett.

Früh verwitwet, fand sie Halt im Glauben und bei den Freundinnen.

Und dann, mit siebzig, fing sie zu aller Überraschung das Reisen an. Fuhr mit dem Bus nach Frankreich, nach Österreich und Italien – jetzt wollte sie etwas von der Welt sehen. Ihre Postkarten aus ganz Europa zierten damals die Pinnwand in meiner WG-Küche.

Dann kam die Phase der Urlaubsreisen – toll!

Doch irgendwann kamen die gesundheitlichen Ausfälle – Durchblutungsstörungen, hieß es. Die Krankheit hatte letztlich einen anderen Namen – Alzheimer. Nach weiteren drei Jahren musste sie im Heim leben – ihr beide, Mutti und Tante Helga, habt euch die Entscheidung nicht leicht gemacht. Aber war es nicht wirklich die bessere Lösung, sie täglich zu besuchen und in Ruhe Zeit mit ihr zu verbringen, anstatt sich mit den

Alzheimerkrank musste sie ins Pflegeheim und wurde hier täglich besucht.

Pflegeverrichtungen abzuhetzen? Ich glaube, sie selbst hätte es auch so gesehen.

Indem wir uns an die Oma und ihr Lächeln erinnern, danken wir ihr noch einmal.

In den letzten zwei Jahren erkannte Omi niemanden mehr, der zu ihr kam. Das war sehr schmerzlich. Aber ihr Humor, der blitzte in besonderen Momenten doch noch durch. Sie konnte so schalkhaft lächeln. Dieses Lächeln hat sie uns bis zuletzt geschenkt – ihre letzte Gabe an uns, nachdem sie uns ein Leben lang so viel geschenkt hat. Wir können es ihr jetzt nicht mehr anders danken, als indem wir uns an sie erinnern – an diesen sparsamen und großzügigen, fleißigen und genießenden Menschen. Sie wird uns fehlen. Mit fehlt sie schon jetzt so sehr – und ich weiß, dass ich niemals wieder im Leben solch eine gute Marmelade essen werde wie jene, die meine Großmutter für uns gekocht hat. Danke, liebe Omi, danke für alles.

Der Tod kam viel zu früh

Rede der Schwägerin am Grab des Schwagers, der mit Ende 50 nach längerem Leiden gestorben ist

Liebe Gertrud, lieber Nikolas, liebe Verwandte und Freunde von Hans Schwendt,

Der früh Verstorbene ist von seinem Leiden erlöst.

wie soll man sprechen, wenn einem die Worte fehlen? Wenn man eigentlich nur weinen möchte? Hans ist gestorben. Was sich lange, so quälend lange angekündigt hat, ist eingetreten. Hans ist tot und wir geleiten ihn heute zu seiner letzten Ruhestätte. Sein Leiden ist nun zu Ende.

Muss man nicht bitter sein angesichts dieses frühen Todes?

Als du, liebe Gertrud, mich fragtest, ob ich an diesem Tag nicht meinen Schwager durch eine Ansprache würdigen wolle, da habe ich zuerst geglaubt, ich könne das nicht. Was soll man sagen nach diesen letzten drei Jahren, die dein Mann, dein Vater, Nikolas, unser aller lieber Verwandter und Freund durchlitten hat? Müsste das nicht eine sehr bittere Ansprache werden?

Aber das Leben war trotzdem reich und erfüllt.

Aber nein! Nein, so ist es nicht. Das hast du, liebe Gertrud, mir gezeigt. In langen und guten Gesprächen hast du mir die Augen dafür geöffnet, dass Hans' Leben erfüllt und schön war – auch wenn es so früh enden musste. Dass es ein Leben voller Liebe und Freundschaft gewesen ist.

Ich denke zurück, daran, wie ich Hans einst kennen gelernt habe. Du hattest ihn in die Familie gebracht, Gertrud, und ich als deine jüngere Schwester war damals natürlich sehr neugierig auf den Mann, in den du dich verliebt hattest. Ich war in einem Alter, in dem man noch eher für James Dean schwärmte als für reale junge Männer von nebenan.

Rückblick auf die erste Begegnung.

Aber Hans war nett. Einfach nett. Er unterhielt sich sehr ernsthaft mit mir, wollte wissen, was ich so dachte und welche Pläne ich für mein Leben hatte. Er war eben schon damals auf dem Weg, der Pädagoge zu werden, der er dann später geworden ist. Es sind heute auch einige seiner früheren Schüler unter uns, die es sicher genauso empfunden haben: Hans Schwendt war ein guter Lehrer und Pädagoge – einer, der den Menschen half, selbst auf Ideen und Lösungen zu kommen. Einer, der den anderen möglichst wenig vorschrieb, weil er die Freiheit des Geistes hoch achtete.

Hans war ein einfühlsamer Mensch und ein guter Lehrer.

Vielleicht lag das daran, dass er selbst aus einem so frei denkenden Elternhaus kam. Er hat uns ja später oft aus seiner Kindheit erzählt. Sein Vater war ebenfalls Lehrer gewesen und früh aus der DDR fortgegangen. Kollegen hatten ihn gewarnt, weil er im Griechischunterricht allzu sehr vom humanistischen Menschenideal geschwärmt hatte. »Ohne diesen Wechsel hätte ich dich nie kennen gelernt – wie schrecklich, stell dir vor!«, sagte er mehr als einmal zu dir, liebe Gertrud.

Die Wurzeln seiner Überzeugung lagen in der Kindheit.

Eure Beziehung hielt und wurde immer enger – und als ihr geheiratet habt, durfte ich eure Trauzeugin sein. Wer in den kommenden Jahren zu eurem stetig wachsenden Freundeskreis gehörte, bekam mit, wie sehr Hans nun in seinem frisch ergriffenen Beruf aufging. Wie begeistert er die pädagogischen Reformen der 70er Jahre mittrug. Es war sicher ein Glück für eure Ehe, dass du, Gertrud, den gleichen Beruf ergriffen hattest wie er. So konntet ihr eure Interessen teilen.

Durchstarten im Beruf.

Freud und Leid in der Familie.

Dann wurdest du geboren, Nikolas, und das Glück schien vollkommen. Bis drei Jahre später dein Schwesterchen mit nur sechs Monaten starb. Es war die tiefste Krise für euch und wir, die wir mit euch fühlten, bangten sehr um euch und euren Lebensmut. Ihr habt die Krise damals überstanden – ich glaube, weil jeder die Art des anderen akzeptiert hat, seine Trauer zu leben. Ach, wenn wir damals gewusst hätten … Gut, dass niemand wissen kann, was kommen wird.

Probleme wurden angepackt.

Hans sagte von sich selbst des Öfteren, dass er nicht religiös sei. Aber er hatte eine Grundhaltung dem Leben gegenüber, die von Zuversicht geprägt war. Diejenigen unter euch, die ihn als Kollegen, als Freund, als Mitglied der Gewerkschaft Erziehung und Wissenschaft kennen gelernt haben, wissen, was ich meine. Für Hans gab es kein »Geht nicht«. Er probierte immer erst mal, ob nicht doch was ging. Und seine Fähigkeit, machbare Alternativen zu entwickeln, war legendär. So entwickelte er sich zum gefragten Ratgeber, auch wenn er es immer ablehnte, außerhalb des Berufs einen offiziellen Posten zu bekleiden. »Diese freie Zeit gehört meiner Familie«, pflegte er zu sagen.

Vater und Sohn auf großer Fahrt – ein Foto erzählt vom Aufbruch.

Ihr beide, Gertrud und Nikolas, ihr wart das Wichtigste für ihn. Als hätte er gewusst, dass er euch möglichst viel geben muss, weil er nicht mehr Jahrzehnte lang Zeit dazu haben würde. Ich habe das Foto von euch beiden gesehen, Nikolas, wie ihr zu eurer Männer-Städte-Tour aufgebrochen seid, in dem Sommer nach deinem Abitur. Es war so ein schönes Bild: ihr zwei, die Pässe in die Kamera haltend, unternehmungslustig, einträchtig.

Der Einschnitt durch die Krankheit und wie Hans damit umging.

Und dann wurde vor drei Jahren der Krebs bei ihm festgestellt. Hans behielt seine zuversichtliche Grundhaltung lange bei. Nur phasenweise ließ er zu, dass die Verzweiflung ihn übermannte. Vielleicht wollte er es uns leichter machen. Vielleicht – nein, ganz sicher war es aber auch für ihn die beste Art, seinem Schicksal zu begegnen. Wäre ihm anders zumute gewesen, er hätte es wohl nicht verborgen. Ein Heuchler war er eben gerade nicht, und auch kein Märtyrer.

Es fällt mir schwer, an diese letzten Monate zu denken, in denen er so leiden musste. Vielleicht wird es später leichter, auch diese Erinnerungen zuzulassen.
Jetzt stehen wir hier, an seinem Grab – seine Familie und seine Freunde, die Ernte seines Lebens. Er hat uns miteinander verbunden und vielleicht ist das ein Trost für uns, die wir ihn nun nur noch in unseren Herzen bei uns haben können. Wir trauern um einen wunderbaren Menschen. Aber wir sind dankbar, dass wir ihn hatten. In unseren Herzen wird Hans Schwendt immer weiterleben.

In der Trauer und im dankbaren Gedenken sind die Anwesenden einander verbunden.

Worte der jüngsten Schwester am Grab der ältesten, unverheirateten Schwester, die mit Ende 40 plötzlich schwer erkrankt und rasch gestorben ist

Liebe Siri,
wir stehen hier an deinem Grab und sind fassungslos in unserem Schmerz. Dein Tod ist über uns gekommen wie ein Alptraum – er hat uns mitten in unserer alltäglichen Selbstvergessenheit gepackt und lässt uns nicht mehr los. Wir denken immer noch, wir würden bald aufwachen und dann wäre das alles nicht wahr. Aber eine Stimme in uns sagt uns klar und unbarmherzig: Doch, es ist wahr. Du bist von uns gegangen, fortgerissen von einer Krankheit, die in unseren Vorstellungen und Plänen bis dahin einfach nicht vorgekommen war.

Wir sind fassungslos angesichts dieses Todes und können es nicht glauben.

Ich kann nicht anders als zu dir, zu dir ganz direkt sprechen – irgendwie bist du für mich noch da. In manchen Stunden meine ich deine Gegenwart zu spüren, dein Lachen zu hören, und ich weiß, dass es anderen ebenso geht: der Familie, den Freunden. Wir alle, die dich geliebt haben, zu deren Leben du gehört hast und immer gehören wirst, wir vermissen dich so sehr. So als ob unsere Trauer dich beschwören sollte, zu uns zurückzukehren.

Die Verstorbene scheint noch so nah.

Dabei müssen wir dankbar sein, dass du erlöst bist von den Schmerzen und der Angst, die du zuletzt hattest. Es wäre egoistisch, dich festhalten zu wollen. Dankbar wollen wir dafür sein, dass es dich gegeben hat, dass

Dankbarkeit dafür, dass es sie gab, und für ihre vielen guten Eigenschaften.

wir diese gemeinsame Lebenszeit mit dir hatten. Dankbar für deine Freundlichkeit und deinen klaren, unbestechlichen Verstand. Für deine Freude an schönen Dingen und für die Großzügigkeit, mit der du uns an dieser Freude hast teilhaben lassen.

Die Verstorbene war hilfsbereit und konnte sehr gut zuhören.

Du hattest dir immer eine eigene Familie gewünscht – das Leben hat es anders gewollt. Aber du hast das Beste daraus gemacht und die Menschen, die dir nahe waren, mit deiner Liebe und Zuneigung reich beschenkt. Wer dich um Hilfe bat, der ging nie mit leeren Händen wieder fort. Und wenn du sonst nichts für denjenigen tun konntest – zuhören konntest du immer. Das hast du mit einer wahren Leidenschaft getan und deine Ratschläge anschließend mit solcher Vorsicht gegeben, dass man meinen konnte, man wäre selbst auf die Lösung gekommen.

Umso bitterer war es, ihr zuletzt nicht helfen zu können.

Aber jetzt? Was wäre jetzt die Lösung? Was würdest du raten? Wir wissen es nicht. Und deine eigene Verzweiflung in diesen kurzen Wochen des Abschieds war so unendlich groß. Wir alle hätten dir gern so viel mehr geholfen. Aber es war dir nicht mehr zu helfen und das ist das Bitterste gewesen: dich leiden zu sehen und nichts tun zu können. Nichts, außer da zu sein.

Hoffnung, dass die Verstorbene nun Ruhe hat; Hoffnung auf ein Wiedersehen.

Jetzt bist du erlöst. So geleiten wir dich nun zur Ruhe und hoffen, dass es wirklich einen Ort der Ruhe und des Friedens gibt – für dich und für uns alle. Einen Ort, an dem wir uns dereinst wieder sehen. Denn diese Hoffnung gibt es doch und ich weiß, dass sie auch in deinen Gedanken Platz hatte. Ich habe ein Gedicht von Annette von Droste-Hülshoff gefunden – du hast sie immer geliebt und diese Verse klingen, als hätte sie sie für dich geschrieben:

Das Gedicht lenkt den Blick auf tröstliche Weise hinauf zu den Sternen.

»Letzte Worte
Geliebte, wenn mein Geist geschieden,
So weint mir keine Träne nach;
Denn, wo ich weile, dort ist Frieden,
Dort leuchtet mir ein ew'ger Tag!
Wo aller Erdengram verschwunden,
Soll euer Bild mir nicht vergehn,

Und Linderung für eure Wunden,
Für euern Schmerz will ich erflehn.
Weht nächtlich seine Seraphsflügel
Der Friede übers Weltenreich,
So denkt nicht mehr an meinen Hügel,
Denn von den Sternen grüß' ich euch!«

Ein Stiefvater spricht an der Urne seines Stiefsohnes, der mit Anfang 20 im Urlaub verunglückt ist

Liebe Marion, lieber Horst, ihr Lieben alle,
Tobias ist tot. Als uns deine Nachricht aus Teneriffa erreichte, Rainer, war es, als täte sich der Boden unter unseren Füßen auf. Deine Worte erreichten unser Ohr und bohrten sich in unser Herz. Die Welt blieb stehen in diesem Moment.

Die Todesnachricht aus dem Teneriffa-Urlaub ließ die Welt stillstehen.

Das war vor fünf Wochen. Ihr alle, die hier heute mit uns trauert, wisst, wie es weiterging. Marion und ich flogen nach Teneriffa, um unseren Jungen heimzuholen. Auch deine Eltern, lieber Rainer, waren gekommen – sie wollten dich nicht allein zurückfliegen lassen. Eine Familie zu haben ist so wichtig in Zeiten tiefsten Unglücks.

Ja, auch wir waren eine Familie und wir sind es noch. Aber seit diesem Fahrradunfall in den Bergen von Teneriffa ist unsere kleine Gemeinschaft tödlich verletzt. Eine tiefe Wunde hat das Schicksal in unsere Familie geschlagen. Es blutet und blutet und wir wissen nicht, wann das Blut zum Stillstand kommen und ob es je eine Narbe geben wird. Du, meine liebe Marion, bist sprachlos vor Kummer. Aber du hast mich gebeten, als Tobias' Stiefvater unserem Jungen mit Worten das letzte Geleit zu geben.

Wird die Wunde je verheilen, die das Schicksal geschlagen hat?

Tobias war mein Stiefsohn. Aber ich hätte ihn nicht mehr lieben können, wenn er mein leiblicher Sohn gewesen wäre. Wir lernten uns nach deiner Scheidung kennen, Marion. Und ich glaube, nachdem Tobias sich damals an den Gedanken gewöhnt hatte, dass ich da war und dableiben würde, da fing auch er an, mich zu mögen. Zumal

Wie der Redner den Verstorbenen einst kennen gelernt hat.

du, Horst, immer fair gewesen bist und bei euren gemeinsam verbrachten Wochenenden das Thema »Stiefvater« konsequent ausgespart hast. Dafür bin ich dir noch heute dankbar und Marion empfindet ebenso.

Schöne Erinnerungen ans Fußballgucken.

Tobias war zehn, als wir zusammenzogen und anfingen, eine richtige Familie zu werden. Er war ein waschechter Junge, mit einer Begeisterung für Fußball und fürs Kartenspiel. Die gemeinsam vor dem Bildschirm verbrachten Stunden schweißten uns zusammen – auch wenn es meist nicht dieselbe Mannschaft war, der wir die Daumen drückten. Als Tobias älter wurde, machten wir daraus den Familienwitz. »Gerds alte Gurken«, so nannte er meinen Lieblingsverein manchmal abschätzig. Ich gestehe, dass ich manchmal nach einer Antwort gerungen habe – aber Bayern-Fans haben nun mal meist die besseren Argumente. Was will man machen?

Heute scheint es mir, als seien diese unbeschwerten Zeiten weit, weit weg. Aber ich bin froh, dass ich mich an sie so deutlich erinnere – auch wenn das jetzt weh tut. Schlimmer wäre es, wenn keine Erinnerungen da wären.

Seinen Realschulabschluss schaffte Tobias mit einer guten Note. So bekam er den Ausbildungsplatz als Grafikdesigner – sein Wunschberuf. Wie haben wir uns damals gefreut!

Nach der Grafiklehre kam der Zivildienst – wieder ein ganz anderes Leben! Wir haben die Disziplin bewundert, mit der Tobias sich dieser nicht einfachen und auch körperlich nicht leichten Aufgabe gestellt hat. Es ist wohl seine schwierigste Zeit gewesen. Und wie sehr haben wir es ihm danach gegönnt, so richtig Urlaub zu machen, gemeinsam mit dir, Rainer, seinem besten Freund.

Wie es zu dem Unfall kam. Es war ein Schicksal, dem man nicht entgehen konnte.

Als ihr beide den Plan fasstet, nach Teneriffa zu fahren, schien das so normal, so unbedenklich zu sein. Ihr wart beide nie besonders waghalsig gewesen. Dann kam der Tag, an dem ihr auf der Insel die Radtour machen wolltet. »Fahrt vorsichtig« – das hat Marion euch früher immer hinterhergerufen. Diesmal hätte der Ruf nichts genützt. Diesmal schlug das Schicksal zu. Es war Tobias' Schicksal, deines, Rainer, und unser aller Schicksal.

Man kann sich nicht wehren unter solch einem Schlag, man bricht zusammen.
Und so sind wir heute hier, spüren immer noch den Schlag im Genick – was für ein Schlag war es, der Tobias nach seinem Sturz das Leben gekostet hat? Bilder sind im Kopf, die wir wohl nie mehr loswerden.
Ich weiß nichts mehr zu sagen. Nur meine Dankbarkeit möchte ich noch ausdrücken. Ich bin so dankbar, dass ich Tobias kennen lernen und eine Zeitlang sein Leben teilen durfte. Ich danke dir, liebe Marion, dass du ihn und mich zusammengebracht hast, indem wir beide ein Paar wurden. Die Liebe zwischen uns beiden ist es jetzt, die mich weiterträgt, und ich hoffe, dir wird es ebenso gehen. Noch weiß ich nicht, wie unser Leben künftig aussehen wird, ohne Tobias. Aber dankbar bin ich dafür, dass ich ihn gekannt habe. Diese Dankbarkeit verbindet uns alle miteinander. Mehr darf man wohl nicht wollen, heute und an diesem Ort.

Dankbar, ihn gekannt zu haben; ungewiss, wie es weitergeht; aber unsere Liebe als Eltern verbindet uns.

Ein Kind ist gestorben

Rede der Patentante am Grab einer 13-Jährigen, die bei einem Verkehrsunfall gestorben ist

Liebe Marita, lieber Thomas, lieber Jens! Liebe Verwandte und Freunde von Sonja!
Es ist jetzt dreizehn Jahre her, da stand ich mit vielen von euch in der St.-Johannes-Kirche am Taufbecken und hielt ein Baby auf dem Arm. Meine Nichte Sonja wurde getauft und ich war ihre Patin. Ich habe damals versprochen, sie auf ihrem Weg ins Leben zu begleiten, so gut mir das möglich sein würde, und ihr in schwierigen Zeiten beizustehen. Es war ein wunderschöner Tag. Ich war so glücklich über euren Vertrauensbeweis, Marita und Thomas. Ich freute mich auf die Aufgabe, auf die Verantwortung, in die ihr mich mit einbezogt.

Rückblick auf den glücklichen Tag, als das Mädchen getauft wurde.

Und nun ist dieser andere Tag gekommen und wir stehen vor einer anderen Aufgabe, die so unendlich schwer erscheint, so kaum zu bewältigen. Wir stehen am Grab von Sonja und müssen unser geliebtes Mädchen loslassen.

Und nun dieser schreckliche Unfall, der uns Sonja genommen hat.

Sonja ist tot – noch immer wollen diese Worte kaum über meine Lippen. Sie ist wenige Wochen nach ihrem 13. Geburtstag bei einem Verkehrsunfall gestorben. Du, Marita, hast mir erzählt, wie es war: dass sie fröhlich aus dem Haus ging, um zum Training zu radeln. Und davon, wie ein Autofahrer beim Rechtsabbiegen das rote Fahrrad übersah.

Niemand war auf diesen Tod vorbereitet. Um Sonja war so viel Lebensfreude.

Sie musste nicht leiden, das hat euch der Arzt versichert. Und ihr, die Eltern und der Bruder, habt sie noch einmal gesehen, habt Abschied nehmen können – das ist so wichtig. Aber nichts, gar nichts hat euch und uns auf dieses Unglück vorbereitet. Der Tod ist mitten ins Leben eingebrochen. In ein junges Leben, eines, das erst dabei war, sich zu entfalten. Sonja war so ein liebenswertes, lustiges Mädchen. Ihr Humor, ihre Schlagfertigkeit haben mich oft zum Lachen gebracht. Dann wieder konnte sie ganz nachdenklich sein und die tiefgründigsten Fragen stellen. Über Gott und die Welt haben wir uns unterhalten, wenn sie bei mir zu Besuch war. Im Zusammensein mit ihr habe ich gelernt, die Dinge aus anderer Perspektive zu betrachten, aus der eines Kindes, einer Heranwachsenden. Das ist ihr Geschenk an mich.

Beim Zurückblicken steigen Worte auf – aber die Gegenwart macht sprachlos.

Wenn ich zurückblicke in diese glückliche Vergangenheit mit Sonja, dann finde ich Trost und Worte. Aber sobald ich wieder in der Gegenwart bin, im Hier und Heute, dann spüre ich nur Schreck und Entsetzen. Dann kommen mir alle Worte klein und nichtig vor.

Für Sonja kann ich nichts mehr tun. Aber euch will ich beistehen.

Erst recht, wenn ich an euch drei denke, Marita, Thomas und Jens, und an euer unendliches Leid. Ich wünschte so sehr, ich könnte euch irgendwie helfen, aber alles, was ich kann, ist bei euch sein. Ganz persönlich und in Gedanken. Denn das möchte ich euch sagen, hier auf dem Friedhof: dass meine Aufgabe, die ich vor dreizehn Jahren von euch bekommen habe, nicht beendet ist. Sonja kann ich jetzt nicht mehr begleiten. Aber ich verspreche euch, dass ich für euch da bin, wann immer ihr mich braucht. Zum Zuhören, zum miteinander Schweigen und Reden. Zum Erinnern an Sonja. Und zum Weiterleben. Dafür wünsche ich uns allen die Kraft.

Rede der Tante bei der Trauerfeier für ein Baby, das am plötzlichen Kindstod gestorben ist

Liebe Angela, lieber Stefan,
ihr habt mich gebeten, euch heute Worte des Trostes zuzusprechen – heute, an diesem schwärzesten Tag in unser aller Leben. Ich möchte euch diesen Wunsch gern erfüllen. Aber ich weiß nicht, wie gut ich das kann, denn auch ich bin unendlich traurig, ja, untröstlich. Wir tragen heute meine Nichte, eure kleine Tochter Lotta zu Grabe. Es gibt nichts Entsetzlicheres als solch einen Abschied.

Die Rednerin ist selbst unendlich traurig über diesen Tod.

Vor wenigen Monaten erst seid ihr Eltern geworden, habt Lotta in eurem Leben begrüßt. Und nun müsst ihr sie schon wieder hergeben. Ihr hattet kaum Zeit miteinander – und doch waren dies wohl die glücklichsten, erfülltesten Monate überhaupt. Denn was könnte inniger sein als die Bindung zwischen Eltern und Kindern in diesen allerersten Lebensmonaten? Wie groß war dieses Glück. Aber welch einen bitteren Preis habt ihr für dieses Glück bezahlt.

Rückblick auf die so kurze Zeit des Glücks.

Es liegt eigentlich in der Ordnung des Lebens, dass Eltern ihre Kinder aufwachsen sehen und dann vor ihnen sterben. Wird diese Reihenfolge verletzt, so tut das nicht nur umso mehr weh – es erschüttert auch unser Vertrauen in das Leben überhaupt. Und noch immer ist es der plötzliche Kindstod, der in so vielen Familien das junge Glück zerstört. So wie bei euch.

Dieser Tod verstößt gegen die Ordnung des Lebens.

Noch immer schlägt dieses Schicksal zu – aller Aufklärung, aller Vorsicht zum Trotz. All unser Bemühen kann nichts ausrichten, wenn es anders bestimmt ist – vom Schicksal, von Gott, vom … Leben? Wo können wir uns jetzt hinwenden mit unserer Klage, unserer Verzweiflung? Wo könnt ihr euch hinwenden, wenn Gefühle des Versagens aufsteigen sollten, allen Versicherungen der Ärzte zum Trotz, dass niemand, wirklich niemand das Schicksal hätte abwenden können?

Wo sind jetzt Trost und Entlastung zu finden, wenn Selbstvorwürfe aufsteigen?

Ich hoffe und wünsche, dass ihr euch in solchen Momenten der schlimmsten Qual nicht vor der Welt verschließt, sondern Hilfe sucht. Ich wäre so gern für euer

Der Verstorbenen kann ich nichts mehr geben.

Aber euch möchte ich gern meine Hilfe geben.

Kind da gewesen, für meine kleine Nichte, ich hätte sie so gern aufwachsen sehen. Ihr kann ich nun nichts mehr geben. Aber euch möchte ich dafür all meine Zuneigung geben und alle Kraft, die ich habe. Nehmt sie an, ich bitte euch. Lasst euren Lebensmut nicht mit Lotta gestorben sein. Haltet euch an uns, eure Nächsten, wir wollen euch dieses Schicksal tragen helfen. Weil wir Lotta lieb hatten und sie nie vergessen werden – und weil wir euch lieb haben.

Freundeskreis

Freunde können oft am besten eine Kondolenzrede halten.

Es ist vielfach üblich, dass gute Freunde eines Verstorbenen bei der Trauerfeier ein paar Worte sprechen. Sie haben den Betreffenden gut gekannt, waren ihm sehr verbunden und sind dabei aber doch oft gefasster als die engsten Hinterbliebenen. So sind gute Freunde oft die geeignetsten Redner bei einer Trauerfeier. Die folgenden drei Texte decken typische Konstellationen ab. Sie können leicht für die jeweilige Situation passend umgewandelt werden.

Rede eines älteren Mannes bei der Trauerfeier seines Jugendfreundes

Der Verstorbene hat sich diese Gedenkrede von seinem besten Freund gewünscht.

Liebe Annette, liebe Nicole, liebe Angehörige und Freunde von Bernhard Sedlacek,
einen guten Freund zu verlieren ist unendlich schwer. Mit Bernhard Sedlacek habe ich einen guten, ja, meinen besten Freund verloren. Es ist mir ein Herzensanliegen, diesem Freund die letzte Ehre zu erweisen und hier und heute zu sprechen. Bernhard selbst hat es sich so gewünscht. Und du, liebe Annette, hast mir in den vergangenen Tagen viel Zeit geschenkt, hast mir Einblick in Lebensbereiche meines Freundes gegeben, die ich – nicht zuletzt wegen der großen räumlichen Distanz der letzten Jahre – weniger gut kannte.

Rückblick auf den Beginn der Freundschaft.

Wer war Bernhard Sedlacek? Ich blicke zurück und sehe einen großen, schlaksigen Jungen vor mir. Er war mit seiner Familie neu in unser kleines Dorf im Lippischen

gekommen – geflüchtet aus Pommern. Er machte mich neugierig, dieser Fremde, er hatte eine wache Art, einen anzuschauen. Den Blick nicht zu senken, sondern auszuhalten. »Und? Wer bist du?«, fragte er mich, als wir einander am dritten Morgen am Schultor über den Weg liefen. Vor so viel Direktheit konnte ich nur kapitulieren. Ich musste grinsen und der Grundstein für unsere Freundschaft war gelegt.

Eine originelle Szene zeigt Einfallsreichtum und Fürsorglichkeit des Verstorbenen.

Spannende Jahre haben wir erlebt, so kurz nach dem Krieg. Wir waren Meister im Organisieren und übertrafen uns darin noch gegenseitig. Dabei dachte Bernhard immer an seine Familie, an seine Mutter und die beiden jüngeren Schwestern. Wir hatten uns Arbeit beim »Tommy«, bei den britischen Alliierten verschafft, jobbten im Casino. Nie werde ich vergessen, wie Bernhard den Küchenchef bat, den fettigen Zucker behalten zu dürfen, der beim Krapfenbacken übrig geblieben war und sonst weggeworfen worden wäre. Für seine Familie war dieser Zucker ein köstlicher Brotbelag.

Die Ehefrau trat in sein Leben.

Einfallsreich war Bernhard und zupackend, wo er eine Chance sah. Das ist er immer geblieben. Wir beide gingen zum Studium nach Münster und dort bist du ihm begegnet, liebe Annette. Wieder ergriff er seine Chance – diesmal hatten keine Briten etwas zu sagen, sondern höchstens deine Eltern. Und die waren wohl sehr einverstanden mit dem ehrgeizigen, phantasievollen Schwiegersohn.

Jahre des beruflichen Engagements.

Nach dem Studium trennten sich unsere Wege – ich ging nach Süddeutschland, ihr bliebt im Norden. Gründetet eure Familie, Bernhard machte als Jurist im Staatsdienst Karriere, brachte es bis zum Regierungsdirektor. Die Zeit der Verwaltungsreform hat ihm damals besonders viel Kraft abverlangt, aber er hat das immer als Herausforderung empfunden. Ich glaube, schwierige Aufgaben haben ihn immer sehr gereizt. Nicht umsonst war er so erfolgreich.

Seltenere, aber schöne Begegnungen…

Und – trennten sich unsere Wege wirklich? Nein – ich glaube, innerlich waren wir uns weiterhin verbunden, auch wenn wir uns nun seltener sprachen. Ich durfte dein

Taufpate sein, Nicole, und jeden Sommer, wenn ihr nach Italien fuhrt, seid ihr für einen Tag bei uns in München abgestiegen. Ich habe diese Begegnungen als sehr kostbar empfunden, gerade weil sie so selten waren.

Natürlich gerieten wir bei unseren Treffen stets auch in mehr oder weniger heftige Diskussionen. Es hörte sich immer sehr dramatisch an, glaube ich – aber im Grunde wärmten wir nur unsere theoretischen Meinungsverschiedenheiten aus der Studienzeit auf. Wir wollten eben beide nicht zurückstecken und hatten Spaß an einem ordentlichen Wettkampf mit Worten. »Und? Wer bist du?« So viel hatte sich an Bernhards direkter Art über die Jahre nicht geändert. Altersmilde ist er jedenfalls nie geworden. Wie gut, denke ich heute – denn das hat seine Jugendlichkeit ausgemacht, dieses unbedingte Fasziniertsein von so vielen Dingen.

...bei denen mitunter auch heftig diskutiert wurde.

Seine vielfältigen Interessen waren es auch, die ihn schließlich zum Mitbegründer und ersten Vorsitzenden des Musikvereins in eurem Heimatort machten. Für klassische Musik hatte Bernhard sich schon immer begeistert. Nun holte er mit dem ihm eigenen Organisationstalent die besten Ensembles zu euch: Quartette, Quintette, Kammerorchester – einmal durfte ich solch einen Konzertabend miterleben. Ich war stolz auf meinen Freund, wie er da als charmanter Gastgeber durch den Abend führte – und ihr beide, er und du, liebe Annette, wart wie immer ein sehr harmonisches, beeindruckendes Paar.

Der Verstorbene engagierte sich auch ehrenamtlich.

Wie stolz Bernhard auf seine Tochter gewesen ist, das weiß jeder, der ihn auch nur ein wenig gekannt hat. Er hat stets viel von dir erzählt, Nicole, von deiner schulischen und beruflichen Laufbahn. Wie schön, dass er noch erleben konnte, wie du dein Referendariat abgeschlossen und deine erste Stelle als Lehrerin angetreten hast.

Er war stolz auf seine Tochter.

Ich merke, wie ich an dieser Stelle ins Stocken komme – denn nun nähere ich mich jener Zeit, in der Bernhards Krankheit festgestellt wurde. Er hat mir zuerst nichts davon erzählt, hoffte wohl auch, dass er selbst dieses Thema

Die Krankheit trat in sein Leben, er erzählte dem Freund davon.

bald wieder würde vergessen können. Aber so war es nicht. Ich werde nie vergessen, wie er es mir vor zwei Jahren bei einer unserer seltenen Zusammenkünfte erzählt hat. Und wie er mich dann auch bat, diese Ansprache zu halten. Ich glaube, es war das erste Mal, dass wir beide Tränen in den Augen hatten.

Heute rundet sich der Kreis; der Abschied ist da, aber Liebe und Dankbarkeit bleiben.

Und nun ist dieser Tag gekommen, an dem wir Bernhard Sedlacek zu Grabe tragen müssen. Einen wundervollen Menschen, einen liebevollen Ehemann und Vater, einen treuen Freund und ein engagiertes Mitglied unserer Gesellschaft. Ich bin unendlich froh und dankbar, ihn gekannt und zum Freund gehabt zu haben. Ich glaube, in der Dankbarkeit und in unserer Trauer um diesen Mann sind wir alle einander verbunden. In unseren Herzen und in unserer Erinnerung wird Bernhard Sedlacek weiterleben.

Rede der besten Freundin bei der Trauerfeier einer Frau, die in mittleren Jahren an einer Krankheit ganz plötzlich gestorben ist

Lieber Wilfried, liebe Cecilia und Anna. Liebe Freunde,

Trauriger Anlass des Zusammenkommens.

wir haben uns hier zusammengefunden, um Abschied von Sabine Baar zu nehmen. Es fällt mir nicht leicht, hier zu stehen und zu sprechen. Sabine war meine beste Freundin und ich vermisse sie schon jetzt unendlich. Aber ich bin auch dankbar, dass sie mich vor ihrem Tod gebeten hat, für sie eine kleine Rede zu halten.

Die Verstorbene hat gewusst, dass sie nicht lange leben wird, und ihr Leben sehr bewusst gestaltet.

Sabine hat ganz genau gewusst, dass ihr Leben womöglich nicht lange währen würde. Die Diagnose des Hämangioms, die Gefahr einer Hirnblutung war ihr seit langem bekannt. Wie lebt ein Mensch, der weiß, dass er vielleicht nicht so viel Zeit hat wie andere? Sabine Baars Leben war ganz bestimmt kein Tanz auf dem Vulkan. Die Dramatik ihrer Erkrankung hat sie nicht auf ihre Lebensweise übertragen, sie hat keine verrückten Dinge getan. Aber ich glaube, sie hat versucht, sehr bewusst zu leben und jedem Tag die Freude abzugewinnen, die er für sie bereithielt. Darin war sie mir immer ein Vorbild und vielleicht ging es vielen von euch, von Ihnen, ebenso.

Würdigung ihrer Wesensart.

Ich habe Sabine während unserer gemeinsamen Ausbildung zur Anwaltsgehilfin kennen gelernt. Ihre offene, freundliche Art hat mich gleich zu ihr hingezogen. Sie konnte so gut erzählen und hatte immer nette Ideen. Langweilig war es mit ihr nie. Erst nach einigen Jahren hat sie mir übrigens von dem Damoklesschwert erzählt, das über ihrem Leben hing. Von da ab bewunderte ich sie noch mehr für ihre positive Einstellung.

Die Rednerin war einst Trauzeugin für die Verstorbene.

Als ihr beide geheiratet habt, lieber Wilfried, durfte ich eure Trauzeugin sein. Es war eines der wenigen Male, dass ich sie weinen sah – es war ihr an jenem Tag wohl doch bewusst, dass sie ihre Familie vielleicht nicht bis ins hohe Alter würde begleiten können.

Die Kinder der Verstorbenen werden in die Trauerrede einbezogen.

Trotz des gesundheitlichen Risikos bei der Geburt entschied sie sich dafür, Mutter zu werden – und bekam prompt Zwillinge. Das war wirklich typisch Sabine – wenn schon schwanger, denn schon! Dank des Kaiserschnitts kamt ihr auch problemlos auf die Welt, Cecilia und Anna. Eure Mutter war so glücklich über euch. Ganz stolz berichtete sie mir von euren Fortschritten. Sie war immer davon überzeugt, dass ihr beide euren Weg machen würdet – und sie war auch erleichtert, dass ihr zu zweit seid. Sie dachte schon an später, an ... jetzt. Eure Konfirmation hat sie noch miterlebt, darüber war sie so froh.

Versprechen an die Kinder, dass sie auch künftig nicht allein sind.

Liebe Cecilia, liebe Anna, für euch ist der Verlust mit am schwersten. Und wenn wir irgendetwas dafür tun können, ihn leichter zu tragen, dann möchten wir das gern tun. Ich glaube, ich kann hier für alle sprechen, die eure Mutter gekannt und geliebt haben. Ihr seid nicht allein, das verspreche ich euch.

Würdigung des Ehemannes, seiner Toleranz; Rückblick auf die glückliche Ehe.

Sicher hat die ungewisse Zukunft auch eure Partnerschaft geprägt, lieber Wilfried. Ich gestehe: Wenn ich euch beide miteinander umgehen sah, dann bin ich manchmal regelrecht neidisch geworden. Ihr habt einander so viel Freiheit gelassen und dabei doch ein unbedingtes Vertrauen zueinander erkennen lassen. Als wir unsere gemeinsamen Städtetouren begannen, Sabine und ich, da hast du es ihr nie schwer gemacht, wegzufahren – manch anderer Mann hätte das getan. Nein, du hast sie zum Zug gebracht, fröhlich gewunken und ihr auf diese Weise gezeigt, wie sehr du ihr die jährliche Auszeit gönntest.

Fast hätte man die gesundheitliche Bedrohung vergessen können.

Ich glaube, jeder von uns, wie wir hier sitzen, hätte Sabine alles Gute dieser Welt gegönnt. Und vor allem viel mehr Lebenszeit! Jedes Jahr, das verstrich, wiegte uns ein wenig mehr in Sicherheit. Nun war schon so lange nichts passiert – wieso sollte jetzt auf einmal … Nur dass die häufigen Migräneattacken nicht nachließen, das war wie ein warnender Fingerzeig auf die unveränderte gesundheitliche Bedrohung.

Sabine hat es aber immer gewusst. Wieso hätte sie sonst so genaue Vorkehrungen für ihren Tod, für den heutigen Tag getroffen? Als es dann passierte, letzte Woche, da stand sie mitten im Leben und war doch gerüstet für diese letzte Reise. Sie fiel auf einmal zu Boden – wie schrecklich muss es für dich gewesen sein, Wilfried, das mitzuerleben – und trotzdem, wie gut, dass du da warst.

Doch dann schlug das Schicksal zu – Rückblick auf die letzten Lebenstage.

Sie kam gleich ins Krankenhaus und hat noch zwei Tage gelebt, ohne das klare Bewusstsein wiederzuerlangen. So grausam es für uns ist – wir dürfen nicht egoistisch sein. Wir wissen: Wenn sie weitergelebt hätte, wäre Sabine nicht mehr dieselbe gewesen. Sie wäre ein Pflegefall geworden, hilflos und ohne ihren klaren Geist – es wäre eine Qual gewesen, auch für sie.

Trost: Die Verstorbene wurde kein Pflegefall.

Dieser Gedanke hilft mir, jetzt von ihr Abschied zu nehmen. Zu wissen: Sie hat ihr Leben bis zuletzt so gestalten können, wie sie es wollte, dafür bin ich unendlich dankbar. Und ich bin froh, sie zur Freundin gehabt zu haben. Dieser Mensch, Sabine Baar, war ein großes Geschenk an uns alle.

Worte eines jungen Mannes am Grab eines Gleichaltrigen, der durch einen Motorradunfall gestorben ist

Liebe Eltern und Angehörige von Florian, liebe Freunde,

Das Geschehene erscheint unwirklich.

Florian ist tot. Allein diesen Satz auszusprechen ist so schwierig. So unfassbar ist das, was geschehen ist, letzte

Woche. Ich wehre mich immer noch gegen die grausame Wahrheit. Und ich bin sehr befangen – wenn wir, Florians Freunde, schon so leiden, wie furchtbar ist dieser Verlust erst für Sie, seine Eltern und Angehörigen.

Wir alle haben Florian sehr gemocht und geschätzt. In unserer Berufsschulklasse war er einer von denen, die immer gut argumentiert haben. Um Schwächere hat er sich gekümmert – er konnte es nicht ertragen, wenn jemand nicht mitkam und den Anschluss verlor. Das ließ sein Gerechtigkeitssinn nicht zu.

Würdigung: Der Verstorbene hat sich für andere eingesetzt.

Trotzdem war Florian kein Streber. Er hat auch mal geschummelt – »Wenn es der Sache dient«, sagte er in solchen Fällen und schmunzelte. Und großzügig war er, hat öfter eine Runde Pizza spendiert. Ich glaube, niemand von uns wird künftig Pizza essen, ohne an Florian zu denken.

Eine humorvolle Erinnerung hat etwas Tröstliches.

Florian war natürlich auch kein Heiliger. Er sah gut aus und wusste das. Bei den Mädels kam er an. Heute gönne ich ihm das – damals war ich schon auch eifersüchtig, das gebe ich zu. Wenn man vorher wüsste, was geschehen wird, würde man viele Dinge anders sehen, glaube ich.

Florian war mein Freund. Wir haben uns gefetzt und wieder vertragen, sind zusammen auf die Piste gegangen und haben stundenlang daheim Musik gehört. Allein die Musik – durch ihn habe ich ein ganz anderes Verständnis dafür bekommen. Er lernte E-Gitarre, das fand er so klasse. Ich glaube, er war auch stolz auf sein Elternhaus, auf seine Familie.

Rückblick auf die Freundschaft, auf das Elternhaus.

Ich bin sehr traurig, dass Florians Leben so kurz sein musste. Dass er die vielen Sachen, die er sich vorgenommen hatte, nun nicht mehr tun kann: reisen, eine Band gründen, Karriere im Beruf machen. Er hätte bestimmt Karriere gemacht. Oder hätte irgendetwas anderes Tolles auf die Beine gestellt, ein soziales Projekt vielleicht.

Trauer um die nun nicht mehr gelebte Zukunft.

Es tut weh, sich das alles vorzustellen, was hätte sein können und was nun nicht mehr sein wird. Es ist brutal. Über das Motorrad möchte ich am liebsten gar nicht

Vorsichtiges Ansprechen der Todesursache: ein Motorradunfall.

sprechen. Er wusste, dass Motorradfahren gefährlich ist. Er war auch nicht verrückt, waghalsig. Warum er am letzten Dienstag trotzdem von der Straße abgekommen ist - vielleicht wird man das nie wissen. Und wenn wir es wüssten - es würde ja sowieso nichts ändern. Gar nichts mehr ist zu ändern. Das ist ja das Schreckliche.

Der Tote wird nicht vergessen werden.

Ich weiß nicht, ob der Kummer eines Tages aufhören wird. Jetzt kann ich mir das jedenfalls gar nicht vorstellen. Ich denke so oft an Florian. Wir alle, seine Freunde und Mitschüler, werden ihn nie, niemals vergessen.

Ein tröstlicher Gedanke – der Adler kehrt zur Sonne zurück.

Abschließend möchte ich Gedichtverse von Matthias Claudius zitieren. Unser Deutschlehrer hat sie uns vorgelesen, als die Nachricht von Florians Tod kam. Ich bin ziemlich sicher, sie hätten Florian gefallen.

»Wie Gras auf dem Felde sind Menschen
dahin, wie Blätter, nur wenige Tage
gehn wir verkleidet einher!
Der Adler besucht die Erde,
doch säumt er nicht, schüttelt vom Flügel den Staub und
kehret zur Sonne zurück.«

Vereine und Institutionen

Hier sind vor allem Schwerpunkte wichtig.

Die Reden und Grußworte, die im Namen von Vereinen und Institutionen gesprochen werden, geben oft weniger einen Überblick über das Leben des Verstorbenen insgesamt. Sie richten sich mehr auf das, was derjenige für den Verein oder die Institution getan hat.

Grußwort des Ortsbrandmeisters am Grab seines Vorgängers, der hochbetagt verstorben ist

Liebe Frau Winkler, liebe Angehörige von Herbert Winkler, liebe Trauergäste,

Der Anlass.

wir sind heute zusammengekommen, um Abschied von Herbert Winkler zu nehmen, der nach längerer Krankheit in der vergangenen Woche gestorben ist.

Verlust eines guten Freundes und Feuerwehrkameraden.

Der Tod hat ihn von seiner Krankheit erlöst. Das ist ein Trost für uns. Aber wir alle sind durch diesen Tod auch ärmer geworden. In Herbert Winkler haben wir einen Freund und Feuerwehrkameraden verloren, wie es nur wenige gibt. Und so habe ich als sein Nachfolger im Amt des Ortsbrandmeisters die ehrenvolle Aufgabe, Herbert Winkler zu würdigen, seinen Einsatz für die Freiwillige Feuerwehr und den Brand- und Katastrophenschutz hier am Ort.

Verdienste um die denkmalschützerischen Kenntnisse der Wehr…

Als Ihre Familie, liebe Frau Winkler, vor Jahrzehnten hierher kam, da befand sich das Feuerwehrwesen gerade in einem großen Umbruch. Unser Ort hatte ja immer eine ehrenamtliche Wehr, anders als die nahe gelegene Kreisstadt. »Ehrenamtlich« bedeutete allerdings nie »unzureichend ausgebildet« – im Gegenteil. Das Ausbildungsniveau war schon immer hoch gewesen. Unter Herbert Winkler, der bald zum Ortsbrandmeister aufstieg, galt das erst recht. Er packte das Thema »Denkmalschutz« an, das in den 80er Jahren im Zuge der Dorfverschönerungsprogramme immer mehr an Bedeutung gewann. Dass Brandschutz und Denkmalschutz sich nicht ausschließen dürfen, zumal hier, an diesem Ort mit seiner wertvollen Bausubstanz aus dem 17. und 18. Jahrhundert, dafür hat er in der Bevölkerung das Bewusstsein geweckt. In zahlreichen Schulungen hat er unsere Wehr auf den modernsten Kenntnisstand gebracht.

…um die Modernisierung der technischen Ausrüstung…

Durch geschickte Finanzpolitik und – so würde man es heute nennen – Lobbyarbeit bei Stadt und Landkreis hat er außerdem die technische Nachrüstung ermöglicht. Ich denke vor allem an sein Meisterstück, die Anschaffung des Löschgruppenfahrzeugs mit hydraulischem Rettungssatz. Damit konnten schon mehrfach bei Verkehrsunfällen eingeklemmte Personen aus ihren Autos befreit werden. Die heutige Wehr wäre nicht die, die sie ist, hätte Ihr Mann, liebe Frau Winkler, dafür nicht die Weichen gestellt.

…und um den Mitgliederzuwachs am Ort: Heutiger guter Stand ist das Werk des Verstorbenen.

Mit zahlreichen Veranstaltungen und mit der Ausrichtung der jährlichen Osterfeuer und Herbstbälle hat er die Freiwillige Feuerwehr außerdem im Bewusstsein unserer Mitbürgerinnen und Mitbürger verankert. Wer als junger Erwachsener den Ort nicht verließ, sondern sich hier in der Region eine Existenz aufbaute, für den war es bald Ehrensache, aktives oder zumindest förderndes Mitglied der Feuerwehr zu sein. Dass wir heute keine Nachwuchssorgen haben, verdanken wir nicht zuletzt Herbert Winklers unermüdlichem Einsatz und seiner eigenen Begeisterung für das Löschwesen.

Wechsel in den Ruhestand; Übergabe der Aufgabe an den Redner.

Er hat die Früchte seiner Arbeit glücklicherweise noch miterlebt und genossen. Und das Feld, das er vor fünfzehn Jahren an mich übergeben hat, ist bestens bestellt gewesen. Wie stolz und dankbar war ich, dass ich – in jungen Jahren in die Wehr eingetreten – sein Nachfolger im Amt des Ortsbrandmeisters werden durfte. Diese Zeremonie in der Wache werde ich nie vergessen.

Guter Kontakt auch nach dem Ausscheiden aus dem aktiven Dienst.

Auch in den folgenden Jahren, nach seinem Rückzug aus dem aktiven Dienst, hatte Herbert Winkler immer ein offenes Ohr für meine Fragen – und so manchen guten Ratschlag. Sein freundliches Wesen und sein Humor machten die Gespräche mit ihm stets zum Vergnügen. Dass er zuletzt sehr krank war, wussten wir alle – und wir haben seinen Wunsch nach Zurückgezogenheit respektiert.

Trauer und ehrendes Andenken für einen verdienstvollen Mann.

Nun ist Herbert Winkler nicht mehr unter den Lebenden. Mit tief empfundener Dankbarkeit geleiten wir ihn heute zu seiner letzten Ruhestätte. Er hat Großes für unseren Ort und seine Wehr getan. Wir trauern mit seiner Familie um diesen warmherzigen, engagierten Mann und werden ihm immer ein ehrendes Andenken bewahren.

Grußwort des Sportvereinsvorsitzenden bei der Trauerfeier für die verstorbene Kassenwartin

Liebe Familie Schmidt, liebe Trauergäste,

Vor kurzem noch war alles wie immer. Dieser Tod kam so plötzlich.

noch immer sind wir ganz erschüttert vom plötzlichen Tod unserer lieben Edeltraud Schmidt. Vor drei Wochen noch haben wir getagt und die Pläne für die kommende Saison besprochen. Niemand ahnte, dass wir Edeltraud schon bald zur letzten Ruhe würden geleiten müssen. Die traurigen Umstände, die zu ihrem Tod geführt haben, sind uns allen bekannt – ich möchte es Edeltrauds Angehörigen und auch uns ersparen, darauf einzugehen. Unsere Gedanken sind beherrscht von der Trauer über diesen so plötzlichen Abschied. Und so, voller Trauer, blicken wir zurück.

Wie die Verstorbene einst zum Verein gestoßen ist und dort mehr und mehr Zeit einbrachte.

Edeltraud Schmidt und der TSV – das ist eine lange Geschichte. Schon als junges Mädchen turnte sie hier, machte den Trainerschein und leitete selbst Gruppen. Für ein paar Jahre lebte sie im Ausland – doch als sie zurückkehrte, war sie bald wieder bei uns dabei. Damals lernte auch ich sie kennen, ich zwar zwischenzeitlich zum Verein gestoßen und irgendwann erster Vorsitzender geworden. Für mich war bald klar: Edeltraud durfte nicht nur Trainerin sein, sie musste auch in den Vorstand! Da war ein Potential, das es zu nutzen galt. Ich gestehe: Es brauchte eine Menge Überredungskunst, um sie wirklich dahin zu kriegen. Ausschlaggebend war wohl schließlich, dass ihre Tochter und ihr Sohn so langsam von zu Hause fortgingen – nun hatte Edeltraud mehr Zeit. Und wir alle freuten uns, dass sie diese Zeit zum Wohl des TSV einsetzte.

Ihre besonderen Verdienste...

Edeltraud war mehr als nur eine sorgfältige und verantwortungsbewusste Kassenwartin. Sie war ausgesprochen kreativ, stellte einen regelrechten Finanzplan auf, der es uns ermöglichte, immer wieder neue Anschaffungen zu tätigen: Geräte und schließlich auch den kleinen Bus, der heute mit seinem Vereinslogo unser Erkennungszeichen ist.

...und ihre speziellen Stärken werden nun vermisst.

Und bei all ihrer fachlichen Kompetenz war sie einfach auch ein sehr liebenswerter Mensch. Die Zusammenarbeit mit ihr hat so viel Freude gemacht – auch deswegen werden wir sie alle so sehr vermissen: ihre Herzlichkeit, ihre zupackende, nie zögernde Art und ihre Bereitschaft, überall mitzuhelfen, wo Hilfe nötig war.

Mitgefühl mit der zurückbleibenden Familie, eigene Trauer und dankbare Erinnerung.

Für Sie, liebe Familie Schmidt, ist dieser schreckliche Verlust zweifellos am schmerzlichsten. Wenn wir Ihnen in dieser schweren Zeit in irgendeiner Form beistehen können, dann wäre es uns ein großes Bedürfnis, das zu tun. Denn auch wir sind sehr traurig und fühlen uns Ihnen in dieser Trauer verbunden. Mit Edeltraud verliert der TSV eine unermüdliche Aktive – und wir alle verlieren eine gute Freundin. Dankbar werden wir die Erinnerung an sie bewahren.

Worte des Kirchenvorstandsvorsitzenden bei der Trauerfeier für einen jungen Kirchenvorsteher

Entsetzen angesichts dieses Todes und der verwaisten Familie.

Liebe Frau Schultze, liebe Trauergemeinde,
zutiefst erschüttert stehen wir am Grab von Bernd Schultze, den ein Verkehrsunfall so grausam aus unserer Mitte gerissen hat. Welchen Trost gibt es für eine junge Familie, die ihren Vater verloren hat? Für Eltern, die ihren einzigen Sohn betrauern müssen? Für Freunde und Verwandte, die einen guten Freund unendlich vermissen werden?

Niemand hatte damit gerechnet.

Auch wir in St. Lamberti trauern tief um Bernd Schultze. Auch zu unserem Leben hat er seit vielen Jahren gehört – und nie wäre uns der Gedanke gekommen, dass diese Zugehörigkeit, diese Zusammengehörigkeit in der gemeinsamen ehrenamtlichen Arbeit so plötzlich und grausam beendet werden würde.
Bernd Schultze war mit unserer Gemeinde verwachsen, seit er hier den Konfirmandenunterricht besucht hat.

Der Weg des Verstorbenen in den Kirchenvorstand und was er für die Gemeinde getan hat.

Nach seiner Konfirmation hat er sich in der Jugendarbeit engagiert, hat später die Vorbereitungsgruppe für die Familiengottesdienste mit aufgebaut. Es war ein großer Glücksfall, als er sich – man kann es ehrlich so sagen – überreden ließ, für den Kirchenvorstand zu kandidieren. Zweimal trat er bereits zu den Wahlen an, zweimal wurde er mit großer Stimmenzahl in unser Gremium gewählt.
Als selbstständiger Kaufmann wusste er mit Zahlen umzugehen – der Finanz- und der Bauausschuss profitierten von seiner Kompetenz.

Zu den fachlichen kamen die persönlichen Stärken – der Verstorbene lebte seinen Glauben überzeugend.

Aber Kompetenz war nicht das Einzige, was Bernd Schultze für uns alle zu dem beliebten Kirchenvorstandsmitglied machte, das er war. Dazu trug auch seine spürbare und doch niemals zur Schau getragene Überzeugung bei, dass der christliche Glaube etwas ist, für das es sich lohnt, sich einzusetzen. Dass der Glaube froh machen und durchs Leben tragen kann – Bernd Schultze hat mit seinem Leben und seiner ganzen Art dafür ein Beispiel gegeben.

Umso bitterer ist nun dieses Ende – muss es nicht wie ein großes Fragezeichen hinter diesem reichen und sinnerfüllten Leben wirken? Wo bleibt jetzt die Zuversicht des Glaubens angesichts dieses Meers aus Tränen und Trauer, angesichts der verwaisten Familie?

Und nun dieses Ende! Stellt es nicht alles in Frage?

Ich habe keine Antwort. Ich weiß nur, dass mir persönlich in aller Trauer doch nur der Blick auf den bleibt, der am Kreuz alle Verzweiflung getragen hat: Jesus Christus. Auf das Kreuz zu schauen, dorthin, wo all unser Leid zusammengefasst und aufgehoben wird, das beantwortet zwar nicht meine Frage nach dem Warum. Auf diese Frage kann und wird es wohl nie eine Antwort geben. Aber es hilft mir dabei, weiterzuleben und weiter zu glauben. Vielleicht hätte Bernd Schultze es ähnlich gesehen.

Statt einer Antwort bleibt nur die Zuflucht zu Jesus.

Dass wir alle, die wir um diesen wunderbaren Menschen trauern, einen Weg finden, mit diesem Verlust weiterzuleben, das wünsche ich uns. Das wünsche ich besonders Ihnen, liebe Frau Schultze, und Ihrer Familie. Wir werden immer dankbar sein, dass wir Bernd Schultze in unserer Mitte hatten.

Eigene Trauer; Anteilnahme und gute Wünsche für die Hinterbliebenen.

Berufsleben

Auch die Grußworte von Vertretern der Berufswelt beziehen sich vor allem auf das Engagement des Verstorbenen innerhalb dieses Bereichs. Dabei können aber, wenn es passt, auch private Erinnerungen an den Verstorbenen ihren Platz haben.

Rede eines ehemaligen Kollegen bei der Trauerfeier für einen Ruheständler

Liebe Frau Mayr, liebe Trauergäste,
es ist mir ein großes Bedürfnis, Paul Mayr zu würdigen – heute, an diesem traurigen Tag, an dem wir von ihm Abschied nehmen müssen. Ihr Mann, liebe Frau Mayr, war

Eigene Trauer.

Jahrzehntelange Zusammenarbeit.

ein wunderbarer Kollege und mein Freund. Fast drei Jahrzehnte hindurch haben wir zusammengearbeitet. Da lernt man sich gut kennen, wächst zusammen, steht vieles miteinander durch.

Der Verstorbene war verlässlich, dabei offen und hilfsbereit.

Paul Mayr war jemand, auf den man sich unbedingt verlassen konnte. Das durfte ich gleich zu Beginn unserer gemeinsamen Tätigkeit erfahren. Ich war neu in der Unteren Wasserbehörde, war angewiesen auf Informationen und Gedankenaustausch. Kollege Mayr – oder Paul, wie ich ihn bald nennen würde – verschloss sich dem nicht, sondern teilte sein Wissen bereitwillig mit mir. Das war schon damals keine Selbstverständlichkeit. Denn Wissen ist Macht – das galt auch bereits in jenen frühen Jahren, wenngleich der Kampf aller gegen alle vielleicht noch nicht so hart war wie heute vielfach.

Der Redner verdankt ihm Entscheidendes.

Jedenfalls bin ich fest davon überzeugt, dass meine erste große dienstliche Bewährung – die Erstellung eines als sehr heikel eingestuften Gutachtens – nicht so reibungslos von der Hand gegangen wäre, hätte Paul mir nicht diese hervorragende Einarbeitung gewährt.

Der Verstorbene konnte auch deutlich werden.

Seine sprichwörtliche Hilfsbereitschaft hatte allerdings nichts zu tun mit Weichheit oder mangelnder Durchsetzungsfähigkeit. Wir ehemaligen Kollegen wissen noch sehr gut, wie deutlich Paul Mayr werden konnte, wenn er etwas kritisch sah. Offene Worte hat er gern gesprochen, wohingegen Ränkespiele hinter den Kulissen nicht seine Sache waren. Auch dies war Teil seiner Verlässlichkeit: dass man wusste, woran man mit ihm war.

Rückblick auf heikle Phasen im Berufsleben, die der Verstorbene gut bewältigt hat.

Als Paul Mayr einige Jahre später Dezernatsleiter wurde, geschah dies zu Beginn einer besonders schwierigen Zeit. Die Ausweisung des Naturschutzgebietes Heidenau, der Konflikt um die Ansiedlung des Kieswerkes vor den Toren der Stadt, der Bau der Umgehungsstraße Süd – all das waren Themen, die enorm polarisierten. Jemand weniger Besonnenes als er wäre wohl mehrfach gestolpert – die Gräben waren tief gezogen und manch ein Neider hätte ihn gern hineinfallen sehen. Aber Paul fiel nicht. Wie stark seine natürliche Autorität war, zeigte sich auch daran, dass er in der lokalen Berichterstattung der Presse stets eine gute Figur machte – mit seiner Integrität bot er einfach keine Zielscheibe.

Ein schwerer Einbruch: Verlust der formalen Selbstständigkeit.

Umso tragischer war es für ihn, als das Amt im Zuge der Verwaltungsreform seine Eigenständigkeit verlor. Damit hatte er selbst an Handlungsspielraum eingebüßt und das traf ihn hart. Ging ihm doch die Selbstständigkeit des Arbeitens über alles. Wie es zu jener Zeit wirklich in ihm aussah, das wissen wohl nur Sie, liebe Frau Mayr, so ganz genau. Ich glaube aber: Damals begann er, der langsame Rückzug aus dem Berufsleben.

Im Ruhestand fand der Verstorbene Erfüllung in einem Ehrenamt.

Vor 15 Jahren haben wir Paul Mayr aus dem Amt verabschiedet. Ich habe das sehr bedauert, konnte ihn, den Älteren, aber auch verstehen. Aus unserer dienstlichen wurde nun eine freundschaftliche Verbindung. Und ich erlebte mit, wie Paul Mayr in seinem Engagement für die Heimatpflege noch einmal für mehrere Jahre eine inspirierende Aufgabe fand.

Als ich selbst vor einiger Zeit in den Ruhestand ging, versuchte er mich für den Verein zu werben – ich glaube, es war eines der wenigen Male, bei denen er mit seinem Anliegen gescheitert ist. Er hat es mir aber nicht nachgetragen, das weiß ich ganz sicher. Er konnte ein »Nein« akzeptieren.

Der Tod kam plötzlich und beendete ein erfülltes Leben.

Vor wenigen Tagen dann ist geschehen, womit niemand gerechnet hätte: Paul Mayr ist ganz plötzlich gestorben – er hatte einen Herzinfarkt bekommen, jede Hilfe kam zu spät. Für uns, die wir ihn verlieren, ist es immer noch ein Schock. Ganz besonders fühlen wir mit Ihnen, mit der Familie von Paul Mayr.

Aber auch das gilt es zu sehen und als Trost zu erkennen, dass hier ein wahrhaft erfülltes Leben zu Ende gegangen ist.

Wir verlieren einen vorbildhaften Menschen, dessen wir stets dankbar gedenken werden.

Wir müssen uns nun von diesem beeindruckenden und vorbildhaften Menschen verabschieden, das macht mich sehr traurig. Aber ich empfinde es auch als Geschenk, dass ich ihn kennen und mit ihm so vieles teilen durfte. Dankbar gedenke ich seiner – als Kollege und als guter Freund.

Grußwort der Chefin bei der Trauerfeier für eine Friseurin

Vor ein paar Tagen noch war alles wie immer.

Liebe Familie Peters, liebe Trauergemeinde,
Irmgard Peters ist tot – als ich diese Nachricht erhielt, konnte ich es zuerst nicht glauben. Und noch immer stehe ich fassungslos vor diesem Ereignis. So wenige Tage ist es erst her, dass wir nebeneinander im Salon standen und manches Wort miteinander wechselten – Banalitäten nur, was man eben so sagt, wenn man sich täglich sieht und miteinander arbeitet.

Die Verstorbene hat viel für den Betrieb getan...

Irmgard Peters war ein sehr freundlicher und dabei zurückhaltender Mensch. Sie wollte nie auffallen – jedoch war sie allein schon vom Äußeren her eine auffallende Erscheinung. Groß, schlank und sehr hübsch – man schaute ihr nach, wenn sie an einem vorüberging. Sie kleidete sich geschmackvoll und hatte überhaupt einen Sinn für alles Schöne. Das machte sie zu einer so wertvollen Mitarbeiterin. Sie engagierte sich immer über das übliche Maß hinaus, kümmerte sich auch um Einrichtung und Dekorationen und sorgte auf diese Weise mit dafür, dass wir in jeder Hinsicht mehr als wettbewerbsfähig blieben.

...und die Kundinnen vertrauten sich ihr sehr gern an.

Wie gut sie ihr Handwerk als Friseurin beherrschte, das zeigte sich an den vielen Kundinnen des Salons, die ausschließlich von ihr bedient werden wollten. Viele wurden zu Stammkundinnen, nachdem Irmgard Peters fest bei uns war. Und ich glaube, das lag nicht nur an Irmgards herausragenden fachlichen Fähigkeiten, sondern auch an ihrer Vertrauen erweckenden Art. Die Kundinnen erzählten ihr viel, sie vertrauten sich ihr einfach gern an – nicht nur, was die Frisur betraf.
Im Kolleginnenkreis wirkte Irmgard Peters oft ausgleichend. Kleine Konflikte konnte sie meist schlichten, ohne dass ich eingreifen musste – damit war sie für mich eine unentbehrliche und absolut verlässliche erste Kraft.

Unfassbar, dass sie nicht mehr hereinkommen wird wie jeden Morgen.

So kann ich immer noch nicht glauben, dass Irmgard Peters nicht mehr wiederkommt. Dass sie nie mehr die Tür aufmacht am frühen Morgen, die Tüte mit den Brötchen auf den Tisch legt und erst mal Kaffee kocht –

das war ihr Ritual gewesen, Tag für Tag. Es wird sehr wehtun, die Arbeitstage ohne sie zu beginnen und zu beenden. Sie wird mir, sie wird uns allen unendlich fehlen. Vor allem fühlen wir mit Ihnen, liebe Familie Peters. Wir werden Irmgard immer in unseren Herzen behalten – dankbar dafür, dass wir sie bei uns hatten.

Mitfühlen mit der Familie.

Der Vorsitzende des Elternbeirats spricht bei der Gedenkfeier für eine verunglückte Lehrerin

Liebe Angehörige, liebe Trauergemeinde,
zutiefst erschüttert sind wir hier zusammengekommen, um Annedore Dehns zu gedenken, die vor zwei Wochen tödlich verunglückt ist. Die Schülerinnen und Schüler der Sophie-Scholl-Schule wie auch die Elternschaft, in deren Namen ich heute spreche, haben mit Frau Dehn eine liebevolle, kompetente und engagierte Lehrerin verloren – einen Menschen, für den der Beruf immer auch Berufung war.

Verlust einer ganz besonders engagierten Lehrerin.

Wen man fragte und wohin man kam: Von dieser Pädagogin waren alle begeistert, die Kleinen wie die Großen. Ihre freundliche, dabei bestimmte Art und ihre Freude an den eigenen Unterrichtsfächern, der Biologie und der Chemie, hat sie zu einer begehrten Lehrerin gemacht. Wer Frau Dehn in der Mittelstufe als Klassenlehrerin hatte, trauerte ihr beim Wechsel in die Oberstufe nach – das weiß ich von meiner Ältesten aus erster Hand. Und wer mit Bio und vor allen Dingen Chemie wenig am Hut hatte – was bei Mädchen ja nicht selten anzutreffen ist –, der war bei ihr in besten Händen. Die Einsicht in die Nachteile des koedukativen Systems, das gerade in den naturwissenschaftlichen Fächern oft mutlose und frustrierte Mädchen hervorbringt, hat sie eigene, unkonventionelle Wege beschreiten lassen, wie sich schon am Namen der von ihr geleiteten Arbeitsgruppe zeigt: »Girls im Labor« war die meistbelegte AG in der ganzen Schule.

Besonders viel hat sie für die Mädchen getan – Gründung einer eigenen AG an der Schule.

Annedore Dehns Beliebtheit bei den Schülern und Schülerinnen wog umso höher, als bekannt war, dass man bei ihr die Noten nicht nachgeschmissen bekam. Sie

Sie war beliebt, obwohl sie viel verlangt hat.

stellte Anforderungen – heute, im Zeichen von Pisa, ist das besonders erwähnenswert. Und ihr Bewusstsein für Leistung und Qualität war es auch, das Frau Dehn die Anerkennung und den Respekt der Elternschaft eintrug.

Großer Verlust; wir trauern mit den Angehörigen; Erinnerung in Dankbarkeit.

So stehen wir nun alle erschüttert vor diesem Verlust, der menschlich wie fachlich so groß ist. Wir trauern mit den Angehörigen von Frau Dehn, wie trauern um eine großartige Lehrerin und einen wunderbaren Menschen. Wir können es noch immer nicht glauben, dass sie nun nicht mehr bei uns ist, und werden uns immer in Dankbarkeit an sie erinnern.

Ein Mensch wollte nicht mehr leben

Diese Reden sind besonders schwer zu schreiben und zu halten.

Wenn ein Mensch freiwillig aus dem Leben scheidet, stellen nicht nur die Beileidsbriefe, sondern auch die Kondolenzreden und Grußworte eine besondere Herausforderung dar. Denn die Hinterbliebenen befinden sich oft in einem Chaos aus Trauer, Selbstvorwürfen, aber auch Wut auf den Verstorbenen, weil er diesen Weg gewählt hat. Oft werden die Angehörigen wegen dieser schwierigen Situation auf Ansprachen aus dem Freundes- und Kollegenkreis verzichten – es ist ohnehin schon schwer genug zu tragen. Falls aber doch einmal die Bitte an Sie herangetragen werden sollte, jemanden durch Worte zu ehren, der freiwillig aus dem Leben gegangen ist, so finden Sie Anregungen in den folgenden Texten.

Eine Freundin spricht am Grab einer älteren Dame, die an Depressionen erkrankt war

Liebe Angehörige, liebe Freunde von Hilde Hillen,

Die Verstorbene sah keinen Weg mehr für sich.

dies ist ein Tag, wie er bitterer nicht sein könnte. Unsere liebe Freundin Hilde Hillen ist tot. Sie ist gestorben, weil sie für sich keinen Weg mehr sah, weiterzuleben. Und wir alle, die wir hier stehen und um sie trauern, sind erschüttert angesichts dieser Entscheidung – erschüttert und hilflos.

Depressionen sind schrecklich…

Es war kein Geheimnis, dass es Hilde nicht gut ging, dass sie schwer am Leben trug. Sie war an Depressionen erkrankt. Was das heißt, weiß jeder, der heutzutage Zeitung liest und fernsieht – die Krankheit ist mittlerweile im Bewusstsein der Öffentlichkeit präsent. Aber was es wirklich heißt, an Depressionen erkrankt zu sein, davon kann sich eben doch nur derjenige eine Vorstellung machen, der selbst welche hat. Depressionen machen die Menschen, die an ihnen leiden, sehr einsam. Wie einsam, davon hat Hildes Entscheidung ein dramatisches und erschütterndes Zeugnis abgelegt.

...das weiß eigentlich nur, wer daran leidet.

Wir alle, die wir Hilde lieb hatten, fragen uns: Hätten wir es nicht verhindern können? Hätten wir ihre Wahl nicht ändern, den Hebel umwerfen, sie wieder fürs Leben begeistern können? Und wenn nicht – hätten wir sie dann nicht wenigstens so begleiten müssen, dass es für sie keine Möglichkeit gegeben hätte, die Entscheidung auszuführen?

Hätten wir als Freunde nicht doch etwas tun können?

Ich glaube, ich mache es mir und uns nicht zu leicht, wenn ich diese Frage mit »Nein« beantworte. Wer mit allen Kräften und unbedingt aus dem Leben scheiden, wer auf diese Reise ohne Wiederkehr gehen will, den kann man nicht zurückhalten – nicht mit allen Kräften der Welt. Das ist keine billige Entschuldigung, sondern das Eingeständnis unserer Machtlosigkeit. Die gilt es hinzunehmen. Die Konsequenz, mit der Hilde ihre Entscheidung getroffen und umgesetzt hat, stellt unsere Illusion in Frage, alles beeinflussen zu können. Wir können es eben nicht. Hilde hat sich uns entzogen und ist gegangen.

So mächtig ist niemand, dass er den aufhalten könnte, der unbedingt gehen will.

Und wenn wir ihr schon im Leben nicht mehr helfen konnten, so begreife ich es jetzt als unsere Aufgabe und empfinde es als Bedürfnis, ihren Schritt anzunehmen – und um diesen Menschen zu trauern. Denn Hilde, so krank sie zuletzt auch war, ist doch mehr gewesen als nur die Kranke. Sie war auch eine gute Freundin, ein hilfsbereiter, fürsorglicher und humorvoller Mensch, der gern lachte. Ja, gerade die lachende Hilde möchte ich nicht vergessen – vor allem an diesem heutigen Tag nicht.

Aber wir erinnern uns nicht nur an die Kranke, sondern auch an die gesunde, lebensfrohe Frau.

Hilde war es, die mir einst half, in dieser Stadt heimisch

Sie war hilfsbereit und konnte zuletzt sich selbst nicht helfen. Das wird uns immer schmerzen.

zu werden. Mit ihr habe ich mich während der Schulzeit unserer Kinder im Elternbeirat engagiert. Sie hatte immer ein offenes Ohr für mich, als unsere geschäftliche Existenz eine Zeitlang bedroht schien. Sie hat vielen Menschen geholfen. Dass sie zuletzt sich selbst nicht helfen konnte, wird eine große Wunde in meinem, in unserem Leben bleiben. An der Zuneigung für sie und an unserem dankbaren Gedenken wird es nichts ändern. In unseren Herzen lebt Hilde Hillen weiter – so lange wir leben.

Ein junger Mensch spricht am Grab seines Freundes

Dieser Tod hat unser Leben erschüttert und macht uns fassungslos.

Liebe Familie Schramm, liebe Mittrauernde,
fassungslos und tief betroffen stehen wir am Grab von Ludger Schramm. Wir können es nicht glauben, dass wir jetzt von ihm Abschied nehmen müssen. Sein Tod hat unser Leben erschüttert wie nichts sonst bisher. Wir, seine Kommilitoninnen und Kommilitonen, sind traurig und hilflos.

Rückblick auf unbeschwerte Zeiten: Wie man einander kennen lernte.

Ludger Schramm ist unser Freund gewesen. Wir haben uns im ersten Semester kennen gelernt und schnell eine gute Lerngruppe gebildet. Auch in der Freizeit haben wir viel miteinander unternommen – wenn man als Student neu in eine Stadt geht, sind die Freunde ja umso wichtiger, weil sie praktisch die Familie ersetzen. Es hat Spaß gemacht, mit Ludger zu lernen, Sport zu machen, auf Partys zu gehen. Er war offen, man kam schnell in Kontakt mit anderen, wenn er dabei war.

Und dann wurde etwas anders; Stress? Eine psychische Krise? Niemand fragte nach …

Nach zwei Jahren hier am Ort haben sich unsere Wege erst einmal getrennt, ein paar von uns gingen an andere Universitäten oder ins Ausland. Und dann haben wir uns hier zum Examen wieder getroffen. Zu dem Zeitpunkt, das wissen wir jetzt, ging es Ludger schon nicht mehr gut. Irgendetwas hatte ihn aus der Bahn geworfen. War es der Examensstress? Eine unglücklich verlaufene Beziehung? Eine psychische Krankheit? Wir haben nicht weiter nachgefragt, das werfe ich mir heute vor. Wir haben gedacht, es sei eine Krise, wie jeder sie mal durchmacht. Wir wollten diskret sein, nicht in ihn dringen – und außerdem hatte jeder seinen eigenen Stress. Ich schäme mich heute, wenn ich das so deutlich sage, aber ich möchte auch nicht drum herumreden. Denn wenn Ludgers Tod uns eines gezeigt hat, dann dieses: dass man auf seine Freunde Acht geben und rechtzeitig nachfragen muss. Dass man nicht darauf vertrauen darf, es werde sich schon alles irgendwie regeln. Ich frage mich aber auch: Warum ist Ludger nicht auf uns zugekommen mit seinen Problemen, warum hat er sich uns nicht anvertraut. Hat er sich geschämt? Was für ein Bild haben wir ihm vermittelt? Wie tief ging unsere Freundschaft wirklich, wenn er es in tiefster Not nicht für möglich gehalten hat, dass er bei uns vielleicht Hilfe finden könnte? Ich weiß ja auch nicht, ob wir ihm hätten helfen können – noch immer weiß ich viel zu wenig über das, was ihn letztlich am Leben hat verzweifeln lassen. Aber eines weiß ich: Durch seinen Tod hat Ludger mich wachgerüttelt. So etwas darf nicht noch einmal passieren. Wir müssen füreinander da sein in diesem Leben. Das hast du uns gezeigt, Ludger Schramm. Wir werden es nie mehr vergessen – so wie wir dich nie vergessen werden und um dich trauern, gemeinsam mit deiner Familie und allen, die heute von dir Abschied nehmen.

...und das beschämt uns heute.

Warum hat der Verstorbene niemanden um Hilfe gebeten?

Dieses Sterben hat uns wachgerüttelt.

Formulierungshilfen

Zum Schluss dieses Buches finden Sie sprachliche Bausteine, die Sie in Ihren eigenen Text einarbeiten können. Außerdem werden anhand von Wortfamilien mögliche Varianten für ein und dieselbe Aussage aufgezeigt.

Redewendungen

Einleitung (Brief)

Gestern erfuhr ich von N. N.s Tod.
Soeben erhielten wir die Sterbeanzeige von N. N.
Aus unserem Urlaub zurückgekehrt, fanden wir die traurige Nachricht vor, dass N. N. gestorben ist
N. N. ist tot - das hat mich sehr erschüttert.
Tief erschüttert haben wir die Nachricht erhalten, dass N. N. ganz plötzlich gestorben ist.
Mit großer Bestürzung haben wir von N. N.s Tod erfahren.
N. N. ist gestorben - noch immer sind wir fassungslos angesichts dieses Verlustes.
Zum Tode von N. N. möchte ich Ihnen mein tief empfundenes Beileid aussprechen.
Wie schrecklich ist diese Nachricht, die uns heute erreicht hat: dass ihr eure Tochter verloren habt.
Ich danke dir, dass du mir eine Anzeige zum Tod deiner Mutter geschickt hast.
Der Tod Ihres Mannes, unseres lieben Vereinskameraden N. N., hat uns alle sehr traurig gemacht.

Einleitung (Grußwort/Kondolenzrede)

Wir haben uns hier zusammengefunden, um Abschied von N. N. zu nehmen.
Der Tod hat N. N. von seiner Krankheit erlöst.
Wir sind heute zusammengekommen, um Abschied von N. N. zu nehmen, der nach längerer Krankheit in der vergangenen Woche gestorben ist.

Wir sind heute zusammengekommen, um N. N. zu Grabe zu tragen. Ein trauriger Tag!
Ein erfülltes Leben ist zu Ende gegangen. N. N. ist tot.
Auch die XY-Abteilung des XY-Vereins trauert um N. N.
Als wir die Nachricht von seinem Tod erhielten, waren wir sehr betroffen.
Es ist mir ein großes Bedürfnis, N. N. zu würdigen – heute, an diesem traurigen Tag, an dem wir von ihm Abschied nehmen müssen.
Wir stehen hier an N. N.s Grab und sind fassungslos in unserem Schmerz.
Es fällt mir schwer, hier zu stehen und zu sprechen. N. N. ist tot und wir haben das noch gar nicht richtig begriffen.
Einen guten Freund zu verlieren ist unendlich schwer.
Mit N. N. habe ich einen guten, ja, meinen besten Freund verloren.
Noch immer sind wir ganz erschüttert vom plötzlichen Tod unserer lieben N. N.
Zutiefst erschüttert stehen wir am Grab von N. N.
Zutiefst betroffen sind wir hier zusammengekommen, um N. N.s zu gedenken, die vor zwei Wochen tödlich verunglückt ist.
Dies ist ein Tag, wie er bitterer nicht sein könnte. Unsere liebe Freundin N. N. ist tot.
Fassungslos und tief bestürzt stehen wir am Grab von N. N. Wir können es nicht glauben, dass wir jetzt von ihm Abschied nehmen müssen.

Beileid, Mitgefühl, eigene Trauer

Zum Tode deiner Schwester N. N. spreche ich dir mein herzliches Beileid/Mitgefühl aus.
Ich trauere mit dir um deine Schwester.
Ich teile deine Trauer.
In Gedanken sind wir bei dir.
Meine Gedanken begleiten dich.
Ich fühle mit Ihnen.
Ich bin tief bestürzt über diesen Verlust.
Dieser Abschied fällt unendlich schwer.
Ich bin Ihnen in Trauer und Anteilnahme verbunden.

Ich möchte Ihnen, auch im Namen von N. N., mein herzliches Beileid ausdrücken.
Bitte übermitteln Sie auch N. N. mein herzliches Beileid.
Wir sind an diesem schweren Tag innerlich bei euch.
Von ganzem Herzen spreche ich Ihnen, auch im Namen aller Mitarbeiter, mein tief empfundenes Beileid aus.

Andenken, Dankbarkeit

Ich werde N. N. nie vergessen.
In meinem Herzen wird N. N. immer weiterleben.
Wir denken an N. N. mit großem Respekt.
Wir werden N. N. in dankbarer Erinnerung behalten.
Wir werden N. N. ein dankbares Andenken bewahren.
Ich bin froh, dass ich N. N. gekannt habe.
N. N. wird uns sehr fehlen.
Wir vermissen N. N. schon jetzt.
Wir werden N. N. sehr/schmerzlich vermissen.

Abschluss

Ihnen und Ihrer Familie wünsche ich von Herzen Kraft für die kommende schwere Zeit.
In tief empfundener Anteilnahme grüßt Sie ...
Voller Anteilnahme grüßen ...
Ich grüße Sie in tiefer Verbundenheit.
N. N. lässt dich herzlich grüßen. Auch sie denkt an dich.
In tiefer Anteilnahme und Verbundenheit ...
Wir umarmen euch und wünschen euch viel Kraft in dieser schweren Zeit.
Alles Liebe ...
In tiefstem Mitgefühl ...
Ich bin für dich da, wenn du meine Hilfe brauchst. In Dankbarkeit und Freundschaft grüßt dich ...
In Gedanken drücken wir Ihnen die Hand.
In großer Verbundenheit grüßt Sie im Namen aller Vereinskameraden ...
Im Namen des gesamten Zweigvereins grüßt dich ...
Mit allen guten Wünschen grüßen Sie ...
Ich wünsche dir von ganzem Herzen Kraft und Lebensmut und umarme dich aus der Ferne.

Die folgende Zusammenstellung zeigt Ihnen, wie Sie bestimmte Aussagen verstärken oder abschwächen können. Die Reihenfolge innerhalb der Aufstellung geht immer vom schwächeren zum stärkeren Begriff.

Trauer/trauern
bedrückt sein - Wehmut empfinden - (sehr) bekümmert sein - traurig sein - trauern - (große) Trauer empfinden - tieftraurig sein - großen Schmerz empfinden - ohne Trost/untröstlich sein

Erschütterung, erschüttert sein
bewegt sein - betroffen sein - bestürzt sein - aufgewühlt sein - tief betroffen sein - tief bestürzt sein - erschüttert sein - tief erschüttert sein - fassungslos sein

Anteilnahme, Verbundenheit
in stiller - in herzlicher - in tiefer - in tief empfundener Anteilnahme/Verbundenheit

Abschied
Abschied - schmerzlicher Abschied - Trennung - großer Verlust - unwiederbringlicher Verlust

Gedenken
in stillem Gedenken - dankbar an jemanden denken - seiner in Dankbarkeit gedenken - jemanden in dankbarer Erinnerung behalten - jemanden immer in dankbarer Erinnerung behalten - er lebt in unseren Herzen weiter/wir tragen ihn in unseren Herzen - jemanden nie vergessen

Hoffnung
Kraft - Hoffnung - Trost - Zuversicht - neuer Lebensmut (hier sind alle Begriffe gleich stark)

Weiterführende Literatur

Gäbe, Sabine: Deine Tränen sieht der Himmel – Gebete, Klagen, Meditationen. Quell Verlag, Gütersloh 2000

dies.: Wenn mir die Worte fehlen – Texte für den Umgang mit Tod und Sterben. Gütersloher Verlagshaus, Gütersloh 2002

Jooß, Erich und Inge (Hg.): Der Tod ist in der Welt – Gedichte zu Sterben und Tod. Echter Verlag, Würzburg 1993

Kübler-Ross, Elisabeth: Interviews mit Sterbenden. Droemer/Knaur, München 2001

Schwikart, Georg: Die richtigen Worte im Trauerfall. Verlag Butzon & Bercker, Kevelaer 2001

Smeding, Ruthmarijke: Das Loch, in das ich fiel, wurde zur Quelle, aus der ich lebe – Wege durch die Trauer. In: Daiker, Angelika (Hg.): Selig sind die Trauernden. Schwabenverlag, Ostfildern 1998

Specht-Tomann, Monika / Tropper, Doris: Wir nehmen jetzt Abschied – Kinder und Jugendliche begegnen Sterben und Tod. Patmos Verlag, Düsseldorf 2002